天水市逸夫实验中学优秀作文集系列丛书
天水市逸夫实验中学校园文化系列丛书

U0685269

逸夫彩虹——
青春的眼睛(2019)

马佩霞 主编

编委会主任：沈建玲
副 主 任：周旭忠　　计卫珍　　花　明
编委会成员：石　瑞　　苟维红　　宁利明　　董洛秦
　　　　　　刘冬梅　　刘炜宁　　杜雅丽　　姚蔚娜
　　　　　　景庆媛　　颉东丽　　巩煦云　　周　丽
　　　　　　师晓恒　　刘晓茹　　范军鸿　　王煦凤
　　　　　　张小斌　　杨心想　　张丰贤　　闫永德
　　　　　　陈莉娜　　张　莉　　谢　佳　　宋　帆
　　　　　　张洋洋　　乔　乔
总　　　编：沈建玲
主　　　编：马佩霞

兰州大学出版社
LANZHOU UNIVERSITY PRESS

图书在版编目（CIP）数据

逸夫彩虹：青春的眼睛. 2019 / 马佩霞主编. --
兰州：兰州大学出版社，2019.12
ISBN 978-7-311-05732-9

Ⅰ. ①逸… Ⅱ. ①马… Ⅲ. ①作文－中学－选集
Ⅳ. ①H194.5

中国版本图书馆CIP数据核字(2019)第288653号

策划编辑　张　仁
责任编辑　马媛聪　张映春
封面设计　王尹宣

书　　名　逸夫彩虹——青春的眼睛(2019)
作　　者　马佩霞　主编
出版发行　兰州大学出版社　（地址：兰州市天水南路222号　730000）
电　　话　0931-8912613(总编办公室)　0931-8617156(营销中心)
　　　　　0931-8914298(读者服务部)
网　　址　http://press.lzu.edu.cn
电子信箱　press@lzu.edu.cn
印　　刷　甘肃新亚印务有限公司
开　　本　710 mm×1020 mm　1/16
印　　张　14
字　　数　234千
版　　次　2019年12月第1版
印　　次　2019年12月第1次印刷
书　　号　ISBN 978-7-311-05732-9
定　　价　36.00元

（图书若有破损、缺页、掉页可随时与本社联系）

墨香沁人　青春正好

天水市逸夫实验中学校长　沈建玲

《逸夫彩虹》付梓，就要和大家见面了，看着浸润同学们成长汗水的墨迹，我欣慰、感动。

诗之功，在诗之外；作文的功力，自然也在作文本身之外。

扎马步，举石锁，是练武之人的基础。脱离了这些，就是花拳绣腿，中看不中用的。《诗经》洋洋洒洒三百篇，靠的是风、雅、颂的积淀，靠的是赋、比、兴的技法。被鲁迅称作"史家之绝唱，无韵之离骚"的《史记》，是太史公超越生命的结晶……

离开了阅读，作文就是无源之水。强而为文，也是无病呻吟。学贯古今，落笔自然生花；洗池成墨，技法才能绝代风华。扎实的基础，不仅是成功作文的出路，更是人生成功的源泉……

狄德罗说，每一个心灵都有他的望远镜。日常生活如一盏油灯，也许并不明亮，甚至晦暗，但是，只要我们拨一拨，油灯瞬间就亮了。希望每位同学都成长为那善于拨亮灯芯的人，认真观察，用心体会，多多练笔，写出有价值的优美作文。写作与书籍为友，与阅读为伴，是检验语文素养最直接、最重要的一个"标尺"，学生在考场或竞赛中写出的优秀作文，犹如一双双明亮清澈的青春眼睛，折射着我校学生的综合素养。

校园优秀作文集《青春的眼睛》，视野是开阔的。十多年的积淀，一树一树的芳华，结满了孩子们青春的哲思与妙语，汇集起来，优中摘优，才有这集《逸夫彩虹》。

细读文稿，这里有升腾不息的青春和热血，有倔强如初的理想和信念，有面对时尚的困惑和思索，有身处平凡的微笑和深情……在同学们的娓娓述说中，我欣喜地看到了逸夫学子正欢快地邀游在陶冶心灵的文学花园之中。

园内，墨香沁人，青春正好。

文学，其实就是我们用美好的心灵和真诚的情愫建造而成的世界。还记得吗?多少次独坐灯光弥漫的桌前，而思绪早已飞向圣地亚哥老人的渔船；在骄阳似火的夏日，任不甘寂寞的心奔向保尔骑马驰骋的乌克兰草原；或是从夜幕降临的窗口隐约遥望梁实秋的雅舍；要不索性徜徉于桨声灯影里的秦淮河，在碧波蓝天间做一个无关风月的梦……今天，同学们用自己的笔，鲜活、生动地倾诉着对真、善、美的敬仰，记录着夜空中浩渺的星月，青春里多彩的心事，放飞一颗颗驿动的心，用青春的眼睛关注着美好的世界，这是多么可喜可贺的呀!

学习，难免辛劳乏味，但是，沙漠中有清泉，岩层内有宝石。成长，难免艰难坎坷，但是，阳光总会动情闪耀，清风总会温柔拂身。寻觅生命中点点滴滴的美，捡拾生活中点点滴滴的纯，珍惜学习，珍视成长，定格细节，平凡就立体了，深远了，雅致了。

逸夫的师生们，我们的记忆中沉淀着昨日起步的沉重，带着往昔风雨的沧桑。今天，逸夫学子坚强的翅膀已展开飞翔，搏击长空的雷电。

光阴荏苒。《逸夫彩虹》出版在即，赋小诗一首与师生们共勉:

> 五车书香亦嫌少，
> 百尺竿头肯登攀。
> 寄语青春抬望眼，
> 回首蓦然意阑珊。

谨为序

2019年5月

花开时节又逢君

——写给《逸夫彩虹》

◇ 马佩霞

我校系列优秀作文集《青春的眼睛》今年十五周岁了。

《青春的眼睛》2005年至2017年以校本形式结集成册，从2018年始由兰州大学出版社正式出版，走过了从积淀、发展到成熟的成长历程。

十五年，我与《青春的眼睛》已是知己读知己，深情满眸。

望着今年要出版的这本特殊的《青春的眼睛》——《逸夫彩虹》文稿，似是故人来，亲之又亲。

一个偶然的机会，我整理2017年之前的13册《青春的眼睛》，翻读着历届孩子们的文章，那些重逢的美好气息，那些熟悉的精彩语段，那些生命拔节的声音，像是一缕缕穿透树林的阳光，挤过密匝匝的树叶照在我的办公桌上。我想：没有人不会欣赏这些细碎的阳光带来的回味吧！把多届学生的佳作优中摘优，荟萃起来，应该有价值，《逸夫彩虹》的雏形就这样萌芽了。

明媚的春天，我着手编辑《逸夫彩虹》。挑选摘编的过程并不容易，因为篇幅有限，很难取舍。在天水师范学院语文教育专业硕士研究生李洋、宋佳等9位同学和地理专业本科实习生王国宁等13位同学的帮忙挑选中，不断压缩，最终选定了80篇历届优秀竞赛和考场作文作为《逸夫彩虹》的主体部分，另一部分为2018年全校作文竞赛中获得一等奖的40篇作文。由两部分共120篇作文组成《逸夫彩虹》，皆为优中摘优，其特点为：一是我手写我心，有真情趣；二是内容较充实，富有生活气息；三是选材得当，出彩度高；四是表达准确，值得一读。

同学们，十五岁，正好是你们青春的模样。这些没有沧桑感的文字，犹如一次次旭日东升，蹦着、跳着，跃过地平线……愿这本凝聚多届青春汗水的《逸夫彩虹》微笑着和你们拥抱，愿大家感受到她的呼吸与体温、倾诉与梦想。

同学们，十五年，我的岁月爬满了皱纹，然而欣赏你们、祝福你们的心一直炽烈，借此机会，就如何提高写作能力，再作点刍荛之见，愿给大家带来些用处。

（一）在阅读中学会写作

莫言说："阅读是写作最好的老师。"是的，阅读是写作的前提，是作文的源头活水。

叶圣陶老先生曾指出："国文课本为了要供同学试去理解，试去揣摩，分量就不能太多，篇幅也不能太长；太多太长了，不适宜做细琢细摩的研讨工夫。但是要养成一种习惯，必须经过反复历练。单凭一本语文书，是够不上说反复历练的。所以必须在国文教本以外再看其他的书，越多越好。"

积小流，成江河。你们的年龄，正是需要大量阅读，汲取养分的阶段，仅凭一本语文课本是远远不够的，还一定要坚持读课外书。读容易，坚持读不容易，因此要有目标有计划地读；要精读与浏览结合着读。经典书可以翻来覆去地读，多种形式地读，直到书中有价值的东西内化为自己的为止，这是精读。一般读物，尤其是现在网络上出现的很多东西，一目十行地浏览一下，了解一下大概的文风，知道说了什么，也就可以了。这是读书的另一种方法——浏览。

积跬步，至千里。读一本好书，对同学们而言虽不能做到在读中自悟，在读中自得，但基本积累是可以做到的，而且很重要。阅读时，得到想要的具体信息，比如好词佳句、主要观点以及自己的感受等就记下来。这是读中积累，还有不读书的积累，就是留心听"人家"的话。写在书上是文字，说在嘴里就是话。听话也是一种阅读，不过"读"的是"声音的书"，比如听新闻、听演讲、听说书、听买卖声、听聊天等。除了听内容，还要听"人家"的用词、语调的特点等。当然，听话与读书都要加以思考，长处，好在哪里？短处，坏在哪里？处处留心皆学问，用在写作上是大有裨益的。读文字书，读"人家"的话，获取一些生活中的语言，都是学写作文的好习惯，好途径。

读书的时间哪来呢？有人说：越读书越有时间。胡适说：要怎么收获，先怎么栽。这是很有道理的。试想，如果把时间花在电子游戏上，花在与同学的乱侃胡聊上，你的读书时间自然会被庸碌、懒散、无聊所取代。如果你把时间花在读书上，就会发现越读书越有时间，越读书越会思考，越读书越有体会，越读书越会表达。渐渐地，"腹有诗书气自华"就会离你越来越近。这些，大家似乎都知道，但是真正做到的人却少之又少。能坚持者，他的生活会蓬勃生辉。

（二）在写作中学会写作

有了一定的阅读量，写起作文来，心中所想所感就能准确地表达出来，好词好句就会信手拈来；有了一定的阅读量，会自然而然地模仿着学习写作。要写出有个性的好作文，多练多写尤为重要。

作文源于生活，无素材可写的根源是不善于到外界去观察，去思考。大家正处在一个高速发展的信息化时代，扑面而来的信息让大家忽视了对生活的自我观察与思考，甚至对一些实践活动拒之千里。长此以往，主动思考能力缺失、动手能力缺失、表达能力缺失，写起作文来痛苦不堪，半天挤不出几句话来。自然与社会是作文的源泉，春夏秋冬，各有所感。练就善于观察自然、认识自然的能力，练就勤于思考生活、体会生活的能力是很有价值的。平时要给自己多提几个问题，多问几个为什么，并勇于向别人请教，还要进一步分析、比较、判断，以获取更全面、更深刻的认识，觉得很有"收获"就记下来。渐渐地，就会积攒大量的素材，有了素材，加上之前在阅读中积累的东西，剩下要做的，就是实践，即在写作中学会写作。这些过程似乎是枯燥的，但真正做起来了，就会感到其乐无穷。

初学写作的一个重要方法是在反复阅读基础上的模仿。阅读能培养语感，模仿着写也能提高语感。模仿着那些名家名作写景写人写事的方法去练习，坚持下来，你的写作表达能力一定会得到提高。初中是培养语感的关键时期，是为形成自己的语言特色打好基础的重要阶段。一个人对语言的感受力决定着他的语言风格，这是后话了。

（三）在修改中提高写作

"改错先于求美。"这是作文之道。

学会修改作文是大有裨益的事。从哪儿入手修改呢？题目和内容是否一致，事件与主题是否一致，详略是否恰当，中心句是否显眼恰当，文段安排是否合理，句子是否通顺，字词、标点是否合适等，这都是修改作文时需考虑并动手之处。

好作文是改出来的。鲁迅先生说过："写完后至少看两遍，竭力将可有可无的字、句、段删去，毫不可惜。"将不恰当的地方反复修改，在修改中练就遣词造句的功夫，练就文通意顺的写作能力，练就写作的主体意识。可见，学会修改是态度，是功夫，是作文成功之途。

没有足够的积累，没有足够的历练，在有限的考场内是写不出好作文的。积累经验，历练技能，久久为功，乐趣自然而来，写好作文将水到渠成。

读文稿，再回味，一行行脉动着青春气息的文字，一串串承载着青春梦想的脚印，在《逸夫彩虹》中流动、飞舞……

种子又在萌芽，鸽子的哨音回荡在希望的田野……

2019年5月

目 录

茅盾文学奖获奖作家谈创作

第八届茅盾文学奖将于9月19日颁奖，我们邀请本届茅奖获奖作家张炜、刘醒龙、莫言、毕飞宇、刘震云撰文，他们的创作甘苦，获奖作品的创作初衷，对读者朋友或有助益。

——编　者

张炜，1956年生于山东龙口，长篇小说代表作《古船》《九月寓言》，获奖作品《你在高原》。

迎着北风赶路

作为一个写作者，在漫长的文学创作道路上，有点像一个人迎着北风赶路。有时候难免会感到疲惫、寒冷、沮丧，有时候也会兴致勃勃，有一种行走的快感。在这个时候给他一杯滚烫的酒，可能会把他身上的疲惫驱走一些，给他带来一点温暖。一个写作者对待荣誉，就像赶路人对待这杯酒一样。

不过，如果没有这杯酒，他还是要赶路的，因为这是他的命运。

我在1988年开始写《你在高原》的时候，已经完成了《古船》等长篇小说，还有很多中篇、短篇、散文和诗。我个人在文学道路上的跋涉已经有很长时间了，当然也有所成功。我积累艺术经验的同时，也积累了更大的创作欲望，所以想有一次更饱满、更淋漓尽致的表达——这个表达要有相应的体量去匹配，也就是说，不可能是一个单行本，而应该是结构上非常大的一个作品才能完成。另一方面，就是我个人复杂的经历和长长的阅读史，这一切结合在一起，才有条件催生这样的一次浩繁的表达。没有这么大的体量，似乎已经不足以表达自己30多年的人生体验：这其中有说不尽的感慨，有蓄起的饱满的情感，它们都要找到相应的艺术形式去表现。

我们这个年龄的人经历了一些重要的事件，比如说饥饿年代、"文革"，还有拨乱反正之后的一些事，特别是经历了20世纪80年代初关于人生理想的那场大讨论。当时给人的感觉就是全国上下，到处都在寻找真理，人人都在设计人生道路。从目前看，中国的物质主义欲望非常强势，在这种状态下，回头想想那个年代，就会觉得像在梦里一样，不可思议。所以我们每每回到那个场景，就回到了一场激越的、慷慨澎湃的大梦之中。所以对应今天的时代，这种种回溯是特别有意义的。我的这部长卷写了100年的历史，从革命党人一直写到今天。随着时间的推移，越是接近今天，笔墨也就越重越浓。所以它不仅是一个反思过去，追忆过往的回忆性作品，更多是一个全面展现当下中国的作品。在这个过程中，我的好多朋友，包括我自己，都是亲历者，是参与其中的人。一些人在那场壮怀激烈的行走中，有各式各样的遭遇。我是目击者，也是行动者。我想告诉大家的一个事实就是：我们都是有承诺的人。有的人真的付出了太多，这些必须得到记录，不然就对不起昨天和未来。所以这样的写作对我来说，也是非做不可的事情。

22年的文学马拉松，遇到的最大挫折和挑战，还是怎样拿出足够的勇气和耐力去迎接一场大劳动。在这场空前的劳动面前，要解决许多生活中具体的、琐碎的问题，因为它们会把作者从文字的世界里拽出来——怎么抵御这个强大的现实的拽力，坚持生活在个人的世界、虚构的世界里，这很难。这些问题每天都很具体，需要你去抵抗。这个抵抗是必不可少的。如果没有强大的拒绝的力量，就会从那个世界里走出来，这样创作也就失败了。

作品写完了，有一种极其空荡的、失落的感觉。因为我与书中的男男女女，这所有的人一起生活了22年甚至更长的时间，突然告别了他们，就会有一种不适感和恍惚感。我记得以前看过一幅漫画，画的是一个作家，他在一部作品完成以后，正跟书中的人物一一告别，那个场景是他们在抱头痛哭。我非常理解这幅漫画，觉得它并没有什么夸张。试想，我跟这100多位人物的密切讨论、倾听、争辩、相处，已经长达20多年，而今不得不结束了，分手了。而这之前我已经习惯了在他们中间、在那个世界里的生活，我与他们的关系，许多时候比与现实世界的关系还要紧密、贴近。

《你在高原》是我22年的心血，是我最沉重最复杂的作品。即便如此，读者也没有必要一口气把它读完，他可以慢慢读，如果感觉不好，就把它扔掉——阅读应该是享有充分自由。对于文学的前路，我们不必悲观，不必被问声吓住——总有埋头阅读和思考的人，没有他们，没有精神追求，我们的社会将变得一团漆黑。为什么物质主义到现在还没有把人类彻底压垮，我们还存有希望，我们还在抗争，就因为仍然还有无数的精神上的求索者，他们是不倦的、永远存在的。

刘醒龙，1956年生于湖北黄州，长篇小说代表作《圣天门口》《政治课》，获奖作品《天行者》。

泛经济时代的天职

有一个问题让我很受困扰。

世界上有难以数计的留鸟和候鸟，在中国的文学传统里，为何只有喜鹊一直受着人们的喜爱？家里的南阳台和北阳台上，天天都有斑鸠飞来飞去。写作时，这些中等身材、相貌俗气的鸟儿，经常隔着玻璃，在阳台上放肆地晃来晃去。我不喜欢它们，这种名叫斑鸠的鸟儿，品行似乎有些问题，比如习惯鬼头鬼脑，从不正眼看人，擅于故弄玄虚，有事没事都要猛地一拍翅膀，发出惊心动魄的音响，还以为真有惊怵悬念发生。实际上，卖那么大的关子，根本不是要一飞冲天，往往只是蹿出百步之遥。因为这些斑鸠，我才对与其迥然不同的喜鹊有所理解。喜鹊的模样，无论是独立枝头，还是穿越云天，总是从容、安详、优雅、高贵，哪怕是偷猎者的枪口就要冒烟了，必须逃离死亡的飞翔也是有尊严的。

由此想到，有些豪富家族，有些利益集团，在经济活动中，能够随心所欲地让证券交易所的大盘由红变绿，由绿变红，却无法得到社会公众的起码尊重，根本原因在于，他们以为经济就是钱，以为文学只是"钱的经济"某种可有可无的饰物。斑鸠与喜鹊同属鸟类，习性也基本相同。从本质上看，却不一样。喜鹊的从容、安详、优雅、高贵，是由文化的修身养性得来的。斑鸠活得很累很紧张，看上去什么都不缺，其实缺了最不能缺的文化。钱再多，只能堆积成想要多大就有多大的好看泡沫，要想快速铸造一代人的精神品质，实在是痴人说梦，画饼充饥。

由于不可能，便有了文学大跃进般的粗制滥造。所以，泛经济时代的最大文学出产，恰恰是文学的天敌——粗鄙。泛经济时代的文学，仅仅是画饼充饥，还有拯救的可能；如若是将某些恶俗的书写视为文学国宝，便是饮鸩止渴了。

泛经济时代的文学，不应当是各种经济活动的低俗附和者，而应当是所有经济活动的精神向导。

对于一个社会实体，经济是其肉身，文化是其风骨。肉身注定要腐烂。在历史中流传的是那种在庸俗市场上卖不出好价钱的作品，是那种不去贪欲的名利场上左右逢源的风骨。中国一些著名寺庙都有供奉得道高僧的肉身。

这些肉身之所以得以流传千年，是因为肉身之上那些更为不朽的佛与禅，道与德。普遍俗众尊重的看似肉身，实际上是用肉身修炼所得来的人生学问和凡尘文化。

经济发展在一定条件下，可以出现高速发展的奇迹，文学发展更需要对本土文学特质的坚守和坚持，文学不是自生自灭的野火，而必须是代代相传的薪火。纵使坐拥金库多处也买不来文学，更别说伟大作品。

当极端的经济活动屏蔽了真的文学时，当有人认为经典文学正在经典地死去时，才能凸显作家存在的意义。面对泥沙俱下的种种潮流，敢于激浪飞舟、砥柱中流是作家的天职。在写作中，遵守天赋原则无疑是正确的，然而，我们还要记住，在有限的天赋之上，还有一个无限的天职。当天职被忽略、遗忘时，最终的受害者将是我们自己。如果所有人都是作家，才是作家的悲哀。当所有人都盼望做赚钱好手时，那不幸成为作家的少数者，才是这个时代的最大荣幸。这样的背景会使作家难于受到经济动物们的欢迎，也会使作家的责任更大。

莫言，1955年生于山东高密，长篇小说代表作《红高粱家族》《生死疲劳》，获奖作品《蛙》。

盯着人写

沈从文先生曾说过：小说要"贴着人物写"。这是经验之谈，浅显，但管用。浅显而管用的话，不是一般人能说出来的。我改之为"盯着人写"，意思与沈先生差不多，但似乎更狠一点，这是我的创作个性决定的。近日首都剧场上演北京人艺排演我的戏《我们的荆轲》，记者多有问我：此戏到底是写什么？我说：写人。写人的成长与觉悟，写人对"高人"境界的追求。由人成长为"高人"，如同蚕不断吃进桑叶，排出粪便，最终"接近于无限透明"。吃进桑叶是聆听批评，排出粪便是自我批判。

《蛙》出版已近两年，其间多次接受过媒体采访。许多人将目光盯在计划生育问题上，这不能说不对，但不符合我的创作本意。我的本意是写人，写"姑姑"这样一个从医50多年的乡村妇科医生的人生传奇，她的悲欢与离合，她内心深处的矛盾，她的反思与忏悔，她的伟大与宽厚，她的卑微与狭窄。写出她与时代的和谐与冲突，写出她的职业道德与时代任务的对抗与统一。写的看似一个人，实则是一群人。

《蛙》也是写我的，学习鲁迅，写出那个"裹在皮袍里的小我"。几十年来，我一直在写他人，写外部世界，这一次是写自己，写内心，是吸纳批评，排出毒素，是一次"将自己当罪人写"的实践。

揭露社会的阴暗面容易，揭露自己的内心阴暗困难。批判他人笔如刀锋，批判自己笔下留情。这是人之常情。作家写作，必须洞察人之常情，但又必须与人之常情对抗，因为人之常情经常会遮蔽罪恶。在《蛙》中，我自我批判的彻底吗？不彻底。我知道。今后必须向彻底的方向努力，敢对自己下狠手，不仅仅是忏悔，而是剖析，用放大镜盯着自己写，盯着自己写也是"盯着人写"的重要部分。一个50多岁的人，还认不清自己的真面目，对一个作家来说，是有悖职业道德的。

前些天，我说过，得了茅盾奖，力争用十分钟忘掉。十分钟忘不掉，就用十天忘掉。这不是对这个奖的轻视，而是对膨胀的虚荣心的扼制。如果得了奖就忘乎所以，那是可耻的行为。必须清楚地知道，"高人"并不是我，真正的好小说还没有被"发明"出来。要把目光向那个方向看，盯着在那个荆棘丛生、没有道路的地方。那里有绝佳的风景，那里有"高人"在向我们招手。

用《我们的荆轲》中荆轲的一段台词来结束这篇短文吧：

（立起，仰望长天）高人啊，高人，你说过今天会来，执我之手，伴我同行，点破我的痴迷，使我成为一个真正的人。高人啊，我心中的神，理智的象征，智慧的化身，自从你走后，我食不甘味，寝不安席，回首来路，污泥浊水，遥望前程，遍布榛荆。茫茫人世，芸芸众生，或为营利，或为谋名。难道这就是人生的意义吗？难道这就是生活的真谛吗？是的，如果我将这场戏演完——我会将这场戏演完的，我必须将这场戏演完，为了你们这些可敬的看客！——我知道史官会让我名垂青史，后人会将我奉为英雄。但名垂青史又怎么样？奉为英雄又有什么用？可怕的是在这场戏尚未开演之前，我已经厌恶了我扮演的角色，可怕的是我半生为之奋斗的东西，突然间变得比鸿毛还轻。高人啊高人，你为何要将我从梦中唤醒？我醒来，似乎又没醒，我似乎明白了，但似乎还糊涂，我期待着你引领我走出黑暗，但在这黑暗和光明的交界处，你却扔下我飘然而去，仿佛化为一缕清风。我本来可以随你而去，但临行时却突然失去了勇气。我用自己的手杀死了这个超越自我的机会，我的手不受我的控制。我梦到你让我在这古老的渡口等你，等你渡我，渡我到彼岸，但河上只有越来越浓的雾，却见不到你的身影。眼见着众人暧昧的面孔，耳闻着好汉们的嗤笑讥讽，羲和的龙车隆隆西去，易水的浊浪滚滚东行，却为何听不到天河里的桨声？你会来吗？你还来吗？我知道你不来了，我不配让你来，我不敢让你来，你要真来了我怎么敢正视你的眼睛？我的孤魂在高空飘荡，盼望着一场奇遇，到处都是你的气味，但哪里去找你的踪影？我在高高的星空，低眉垂首，俯瞰大地，高山如泥丸，大河似素练，马如甲虫，人如蛆虫，我看到了我自己，那个名叫荆轲的小人，收拾好他的行囊，带着他的随从，登上了西行的破船，去完成他的使命……

毕飞宇，1964年生于江苏兴化，长篇小说代表作《青衣》《平原》，获奖作品《推拿》。

推拿的写作

作品和作家的组合关系也很有趣，如果是1995年——我写《哺乳期的女人》的那一年——31岁的作者该如何去写《推拿》呢？我想可能是这样的：他一定会把《推拿》写成一部象征主义的作品，作品中的人物是次要的，人物的感情也是次要的，他要逞才，他要使性子，他要展示他语言的魅力，他要思辨。亨廷顿说了，这是一个"理性不及"的世界，借助于盲人这个题材，31岁的年轻人也许会鼓起对着全人类发言的勇气，试图图解亨廷顿的那句话。年轻人很可能会做出这样的决定：张三象征着局部，李四象征着局限，王五象征着人与人，赵六象征着人与自然——所有的人都在摸象，然后，真理在握。在小说的结尾，太阳落下去了，它在什么时候才能再一次升起呢？没有人知道。盲人朋友最终达成了这样一个伟大的共识，这个世界从来就没有太阳，它只是史前的一个蛋黄。

写作其实不是文学，而是化学。这么多年的写作经验告诉我，同样的人、同样的事，在不同的年龄阶段，它们在小说家的内部所构成的化学反应是完全不一样的。什么是好的语言？布封说："恰当的词放在恰当的地方。"什么是好的机遇呢？我会说："恰当的小说出现在恰当的年纪。"在恰当的年纪，作品与作者之间一定会产生最为动人的化学反应。

我写《推拿》的那一年是43岁，一个标准的中年男人。因为长期的家庭生活，中年男人有了一个小小的改变，过去，中年男人无比在意一个"小说家的感受"，为了保护他的"感受力"，他的心几乎是封闭的、绝缘的。但是，生活慢慢地改变了他，他开始留意家人，他开始关注"别人的感受"。对一个家庭成员来说，这只是一个小小的变化，但是，相对于一个小说家而言，他迈出了革命性的一步。

就在我写完《推拿》不久，我在答记者问的时候说了一句话："对一个小说家来说，理解力比想象力还要重要。"这句话当即遭到了学者的反对。我感谢这位学者的厚爱，其实他完全用不着担心，想象力很重要，这个常识我还是有的。我之所以把理解力放到那样的一个高度，原因只有一个，我43岁了。我已经体会到了和小说中的人物心贴心所带来的幸福，有时候，想象力没有做到的事情，理解力反而帮着我们做到了。

想象力的背后是才华，理解力的背后是情怀。一个47岁的老男人可以很负责任地说，人到中年之后，情怀比才华重要得多。

情怀不是一句空话，它涵盖了你对人的态度，你对生活和世界的态度，更涵盖了你的价值观。人们常说，中国的小说家是"短命"的，年轻时风光无限，到了一定的年纪，泄了。这个事实很能说明一个问题，我们不缺才华，但我们缺少情怀。

小说家的使命是什么？写出好作品。这句话只说对了一半。小说家也有提升自身生命质量的义务。在我看来，生命的质量取决于一个人作为"人"所拥有的情怀。我渴望自己有质量，虽不能至，心向往之。

我至今也不认为《推拿》是一部多么了不起的作品，但是，对我来说，它意义重大。我清晰地感受到，通过这本书的写作，我和生活的关系扣得更紧凑一些了，我对"人"的认识更宽阔一些了。这是我很真实的感受。基于此，我想说，即使《推拿》是一部失败的作品，在我个人，也是一次小小的进步。

我找到了我的新方向。我又可以走下去了。

刘震云，1958年生于河南延津，长篇小说代表作《故乡面和花朵》《我叫刘跃进》，获奖作品《一句顶一万句》。

榜 样

我有一个堂舅，是个木匠。我母亲的娘家也姓刘，这个舅舅是个麻子，大家都叫他刘麻子。刘麻子的木工活，在方圆几十里无人能比。并不是他手艺比别人好，而是做同一种物件，他精雕细刻，花的时间比别人长。别的木匠打一个柜子用两个时辰，他用五个时辰。方圆几十里，再不出木匠了。不是比不过刘麻子的手艺，是耽误不起工夫。我舅舅打出的箱子、柜子、椅子，在集市上出售，要比外来的箱柜椅贵许多。方圆几十里的买主，都说刘麻子的手艺好。方圆几十里外的市匠，都说刘麻子毒。

舅舅晚年的时候，我跟他有过一次对话。我说买主都说你手艺好，市匠都说你为人毒，你到底是咋回事？我舅舅叹了一口气，说：大家只知其一，不知其二；我做市工，既不是为了让人说好，也不是为了让人说毒；说好说毒，都当不好市匠；我摆治了一辈子市工活，仅仅因为喜欢。他说，我平时看到一棵树，看到的不是树，而是箱子柜；看到好一点的市头，像松市、柏市、红市、杉市，马上会想，这个打箱子柜该是个啥模样；看到不成材的杨树，心里想：这个只能做小板凳。

还有我姥娘。我姥娘叫刘郭氏，1900年出生，1995年去世，活了95岁。她生前分两个阶段，头半生给地主扛长工，后半生是生产队社员。不管是扛长工或是当社员，在方圆几十里也是个名人。因为在地里耍把式，四乡八镇的人，无人能比过刘郭氏。姥娘个头不高，仅一米五五，但是，每年割麦子，黄河滩上，都是姥娘打头镰。三里路长的麦趟子，我姥娘割到了地头，别的一米八五的大汉，仅能割到地中间。姥娘晚年的时候，我跟她有过一次对话。我说，姥娘，方圆几十里，都知道你割麦子比别人快，为啥哩？姥娘说，我割得并不比别人快，只是我一扎下腰，不管麦趟子有多长，从不直腰；因为你直头一回，就想直第二回，就想直第二十回。

舅舅和姥娘，离我都不远，他们是我学习的榜样。

《一句顶一万句》获奖了。有人说《一句顶一万句》令人温暖，并不是说这个作品写得多么好，你能看到它特别稚嫩的地方。但是，我是温暖的。从我刚开始创作，转眼20多年过去了，有时候晚上做梦还是20多岁的梦，梦见我姥娘，跟她一块过中秋节，就在我们的村子里，就在我们家的院子里，枣树上面，月亮那么大，那么明亮，我突然觉得我特别小。

过去写东西，总觉得自己有话要说，因为年轻，写作经验少，会喜欢用复杂的事说复杂。但到了这部作品，我发现作者要说什么不重要，作品里的人物要说什么才重要，像杀猪的老裴，剃头的老曾，牧师老詹，他们的话有时候比我要说的深刻得多，也广阔得多。当我由一个写作者变成一个倾听者的时候，我突然发现我的写作获得了极大的自由。

这种状态，我一直向往。

选自《人民日报》2011年9月16日第24版

我为什么写作

丁玲〔中国〕　我诞生在20世纪初，因家败父亡，我成了一个贫穷的孤女，而当时的中国又处于半封建半殖民地的黑暗时代，人民在水深火热中煎熬，这些痛苦不能不感染着我，使我感到寂寞、苦闷、愤懑。我要倾诉，要呐喊，要反抗。因此我拿起笔，要把笔作为投枪。我追随我的前辈，鲁迅、瞿秋白、茅盾……为人生、为民族的解放，为国家的独立，为人民的民主，为社会的进步而从事文学写作。

我写作的时候，从来不考虑形式的框子，也不想拿什么主义来绳规自己，我只是任思绪的奔放而信笔之所之。我只要求保持我最初的原有的心灵上的触动，和不歪曲生活中我所爱恋与欣赏的人物就行了。

巴金〔中国〕　人为什么需要文学？需要它来扫除我们心灵中的垃圾，需要它给我们带来希望，带来勇气，带来力量。我为什么需要文学？我想用它来改变我的生活，改变我的环境，改变我的精神世界。我五十几年的文学生活可以说明：我不曾玩弄人生，不曾装饰人生，也不曾美化人生，我是在作品中生活，在作品中奋斗。

黄春明〔中国台湾〕　我想，作为一名作家，每个人对他的人民和周围的特殊事件都有自己的感情和表现手段。多年来，对生养我的台湾，写作是我借以表达对这一小块土地感情的唯一方式。就是为了这，一旦我不能写作，我就要忐忑不安和不得安宁。

格林厄姆·格林〔英国〕　写作是由不得我的事。好比我长了一个疖子，不等疖子熟，就非得把脓挤出来不可。

威廉·博伊德〔英国〕　我写作，因为我乐意写。许久之前，还在我十四五岁之时，就萌发了想当一名作家的强烈念头。

埃斯基耶尔·慕帕赫列列〔南非〕　我写作是为了自我约束。一旦搁笔，我便感到失去了自我，也无法进行自我修养。

迈克尔·赫尔〔美国〕　我从事写作不是为了表现自己，出风头，而是觉得语言很重要。文字可以概括整个世界。事实上人们正用语言来建设一个理想的世界。天常和语言相连，地狱就是它的糟粕。当我在童年时代，为了掌握自己的命运，成为一个强有力的人，我就渴望写作，渴望能成为一个海明威式的作家。

布列坦·布列坦巴施〔南非〕 我写作是因为文字有含意。可以用来描写环境，与一切事物紧密相关。这也是一种平平静静地解决问题的方式。文字好比是一匹良驹宝马，载人进入迷宫。文字描写迷宫，本身又是一座迷宫，同时也是指引人走出迷宫的阿莉阿尼线。作家写作是为了发现一个能继续生存并善于言辞的自我，寻求真理，建筑堤岸以抵御汹涌澎湃的海涛，也是为了找拾留在沙滩上的贝壳。

——选自《世界100位作家谈写作》，上海文化出版社

一、觉醒的青春

> 青春是人生的黄金期，虚度了就会终生懊悔。成功人士因为没有虚度青春而走向辉煌。中学生正值青春时期，风华正茂，应珍惜这段时间。古诗云："劝君惜取少年时""莫等闲，白了少年头，空悲切"……

觉醒的青春

2002级9年级6班　王　妍

青春的豪言壮语是最悦耳的演讲，青春的奋力拼搏是最精彩的比赛，青春的生机活力是最真诚的倾诉，青春的单纯敦厚是最耀眼的风采。青春的歌，青春的舞，青春的热情，青春的心……我们给青春生命，青春让我们觉醒。

初一·小桥流水人家

当炽热的盛夏伴着知了的烦躁进入尾声的时候，我们带着稚气与好奇步入四周布满爬山虎的校园，还未褪去军训时留下的雀斑，初中校园生活的丰富绚烂就早已让我们兴奋不已。那么多有趣的课目等着你一一钻研，那么多兴趣爱好让你择己所爱，那么多展示的平台为你而铺垫……那么多的梦和希望在你欣喜的掌间翻滚，你可以握起麦克风一展歌喉，你可以面对板报绘出心愿，你可以拍着篮球冲进赛场，你也可以对着笔尖娓娓道来……

记得获得第一张奖状的兴奋，记得文章发表在校刊上的欣慰，记得自己亲手录制的节目播放在校园时的骄傲，记得那每一丝丝源自感动的心情。梦里，我们笑醒过来，原来生活这么丰富多彩。

初二 · 劝君珍惜少年时

当课表与门牌一起改变时，我们带着初一的回忆赶到了初二。还是那样笑容尽绽，却收敛了戴红领巾时的肆无忌惮，我们开始为成功而忙碌。没有了嘻嘻哈哈的打打闹闹，但有了课堂上的激烈争论；没有了毫无顾忌的追逐玩笑，但有了成绩单上的齐头并进，我们的笑容更灿烂了，我们的身影更活跃了。辩论会上，我们唇枪舌剑；联欢会上，我们笑声一片；演讲赛上，我们侃侃而谈；足球场上，我们踢出精彩……

每一次掌声都是对我们的肯定，每一个微笑都是对我们的喝彩！很快，我们成了学校的主角，成了代言青春的那一道最亮丽的风景线。梦里，我们笑醒过来，原来，努力的汗水所浸透的花儿是那么明艳。

初三 · 柳暗花明又一村

当初二的收获被装进檀木盒中等候尘封之际，初三把我们拉进它特有的紧张之中，我们心中已有非常明确的目标：迈进重点高中！我们依旧那样风华正茂，但眼中多了坚定，我们开始为了那一张录取通知书而奋斗，生活中少了喧闹，多了几许"心远地自偏"的平静。面对着一张张试卷，一道道习题，我们苦心钻研，沉迷于每一次圆满的欣喜，当我们一天天都在书本中度过时，我们感到的并不是别人眼中的"苦"，而是一份充实，觉得自己没有枉活一天的充实。名次表上的你争我抢更加激烈，面对中考我们也越来越坦然。我坚信：180天之后的角逐，为目标敢于奋斗的我们必是赢家，必定拥有最壮丽的青春。

初三的生活平静如湖面，没有波澜，但梦里，我们觉醒了，人要为目标而活着。

青春最大的资本是敢于比天。

"初生牛犊"的"不怕虎"也是一种气概，青春也正因此而美丽。当我们拥有青春之时，热情的青春是否让你觉醒了呢？把握住今日，莫让自己"空悲切"！

📖 **评 语**

小作者用诗一样的语言描绘了初中三年的情形。文章非常具有感染力，读起来令人回味无穷。老师相信你，在初中有限的三年里，你的青春定会无限绽放美丽。加油！

——马佩霞

一切皆有可能

2002级9年级3班　王　星

有一句广告语："一切皆有可能。"广告本身是为了宣传产品，但这"一切皆有可能"的广告语却颇有哲理，非常精辟。的确，在我们生活的世界里，一切皆有可能！

举个简单的例子：1+1=1吗？很多人肯定会否定："这不可能！"但是，一切皆有可能，我已说过了，一袋面粉加一瓢水，经过反复揉搓，不就变成一块和好的面团了，这不就能解释1+1=1了吗？这个世界上，没有绝对的事物，什么都是有可能出现的。

如果有人反对，说上面那个例子是我狡辩，只有权威人士的话才是真理。那么，古希腊最权威的天文学家托勒密曾提出过"地心说"，即地球为太阳系中心的学说。这个结论曾被人奉作不容置疑的真理，是不可能被推翻的。但总有敢做敢想的人，如哥白尼提出了"日心说"，而事实也证明：哥白尼的结论是正确的。这样大胆的推翻，就使不可能变成了可能，就连托勒密这样的大哲学家都有可能做出不准确的结论，你我还有什么理由去死心塌地抱住一个"不可能"不放，不去想去做呢？

正因为有这"一切皆有可能"，才使人类勇于思考；正因为有这"一切皆有可能"，才使人类敢于实践；正因为有这"一切皆有可能"，才使人类文明一次次进步；正因为有这"一切皆有可能"，才使人类社会真正变得一切皆有可能。

不仅在古代，在科技以惊人速度发展的今天，更是"一切皆有可能"，也更是需要有这种思想的人。因为在当今社会，科技与经济比肩发展，现在的世界已经具备了开展许多科学研究与进行技术革新的科技基础与经济实力，只是很多人不愿想，或者是敢想却不敢提出，也不敢去做。要坚信"一切皆有可能"，也许你的想法以现在的条件就能够实现出来，即使现在暂时不能实现，只要坚持，在将来一定会变为现实。不是有句老话："世上无难事，只要肯攀登。"现在正是大好时机，理当趁热打铁，力求发展，以实现一个又一个的"可能"。只要有人敢想，并辅之不懈的努力与合理的方法，就定能实现

"不可能"到"可能"的转化，使人类文明再次飞跃。

如果有人说出类似"1+1=1"之类的言论，不要说绝不可能，请始终相信，在这样一个多样化的世界里，一切皆有可能。

评 语

当你把自己的"杰作"——一幅美丽的"画"交给老师欣赏的时候，老师真为你感到骄傲。小作者以一句广告语"一切皆有可能"开头，通过生动形象的举例，写出了这个世界上亘古不变的真理——一切皆有可能。是的，只要你足够自信，努力去为梦想而奋斗，一切真的皆有可能。

——马佩霞

青涩的回味

2002级9年级4班　郭　昕

秋的灵感来自于落叶，那种残缺与颓废，将我们的思绪一点点地放飞，败落的景象是令人心痛的，可这种心痛怎么会不可能成为一种美丽呢？

说到美丽，自然联想到完美，无可挑剔，可是把一种残败、破落的景象说为美，又有何不可？万物的一切，来回变幻着，残缺之美是有可能让我们沉醉其中，且从中品味出特别之美的。

我说那月亮吧！圆月谁不喜欢，可残月呢？或许有人说，那是不好的象征，可若是没有残月，怎么会有"月牙儿"般的形容呢？且说那菊花茶，干枯的菊花毫无生气，可当它落入水中的那一瞬间，它又一次苏醒，舒展了花瓣，露出了容颜，细细端详，奇特、可爱，那又怎么不美？

四季的轮回，万物的变化，或好或坏，它们之中没有不美丽的，因为它们有各自的特点，这些与众不同就是美的。

《梦江南》中"梳洗罢，独倚望江楼。过尽千帆皆不是，斜晖默默水悠悠，肠断白蘋洲"让我们想到的是一位思夫的女子静默的身影。她孤独的身影让人怜惜，那急切的无奈的目光让人心痛。可这种景，这种情，又怎么不感人，不动人，不能成为一种美？或许这女子并没有沉鱼落雁之容，可她的那种情思，难道不美吗？那种思念在她心中如流水般缓缓滑过，同样牵动着我们每一个人。她的伤感，成了一种独特的美。

诗人海子是在中年时卧轨自杀的，他的人生是不完整的，可他的离去匆匆却留给了人们对他更多的怀念与思恋。他是轻生，可他的这种不完整，带给我们的是另一种残缺的美丽，这种美丽是在他的诗中体现，我们的心中留下的。

人生充满了风险、挑战，同样是充满挫折与失败的。失败的人生中，或许很少有成功，可那一次次的失败不也是"美丽"的吗？因为经历过，因为体验过，过程是充满激情的，虽然结果不尽如人意，可这种失败不也灿烂吗？

青涩是苦，是残缺，而当你去细细体会时，它有它的不一般，这种与众不同或许就是美的根源。"美"不需要完整、天衣无缝，苦难、残缺不应该被完全否定。换一种思想，换一种眼光，美丽无处不在。

📖 评 语

完整的东西不一定就是完美，有时候残缺也是一种美，这是小作者想要表达的中心思想。是的，如果我们一味地去追求完整，那么这个世界将没有我们想象中的那么美好。这个世界缺乏的从来不是美丽，而是缺乏发现美的眼睛。只要我们善于发现美，美丽就会一直萦绕在我们身边。

——马佩霞

相信自己

2002级9年级3班　姚怡萍

拿破仑曾经说过："不可能这个词，只有在愚人的字典里可以找得到。"不要轻易对自己说不可能，也许奇迹就由你创造。

我们面对困难，面对自己不容易办到的事情，总是会对自己说："我不可能做到。"于是选择逃避与放弃。其实只要我们相信自己，积极地动脑去找寻办法，用自己的努力去实现，也许胜利就在前方静静等待着你。

有一个女人，她的丈夫曾是一家公司的经理，但不幸的是一次车祸使他成了植物人，医生们无奈地摇摇头说："治不了。"这个女人也只好带丈夫回家。她不相信这已成为定局，以前不也有植物人康复的例子吗？于是她每天对着好似木头的丈夫说话，谈往事，谈现在。由于给丈夫治病，公司里的钱已用了不少，她又必须管理起这个公司来。此后的每天她便在公司上班两个小时，然后回家陪丈夫两个小时。每日如此，有一次丈夫突然高烧难退，什么办法都用过了，医生们说："不可能了。"她推着丈夫来到他们每天散步的地方，流着眼泪，仍旧说着她常说的那些话。她想，上帝不可能这么无情，就算有一丝希望她都要争取。突然，丈夫的眼睛眨了一下，然后高烧也奇迹般地退了。这是五年来第一次出现的事。此后渐渐地，丈夫能动了，能说话了，生命之火又注入了新燃料。对于这个永远不说不可能的女人，上帝也微笑了吧。

其实在我们的生活中，许多小事里都能够体现这个道理。在短时间内要背会一篇极难的文章，如果心里说：这怎么可能，也许就是因为这种心理，扰乱了自己的注意力，反倒又增加了一层难度；如果相信自己，对自己说我能行，也许背起来反倒轻松容易。立定跳远是中考体育考试的一项，有些同学望着及格线心中有一种畏惧，但我的经验是，给自己设定目标，一次比一次稍远，眼睛盯着那个目标，对自己说：这算什么，我一定能行，最后的结果则是常常达到了自己的目标。

爱说不可能的人，也是不可能有成功的；永远只是看着，想着，而不去迈步，也是不可能前进的。不要轻易说不可能，不要做一个愚蠢的人。

相信自己，昂着头向着困难挺进，向着目标进军，以积极的心态去对待，这也是成功的必经之路，成功只给予那些有付出的人。

评语

在人生的道路上充满了许多荆棘，当我们遇到它的时候，希望我们每个人都能像小作者一样，大声喊出：相信自己，我一定能行！文章构思特别巧妙，语言清新活泼，言之有序，真乃一篇佳作。

——马佩霞

蓝的马·黑的花

2002级9年级5班　张雅宁

"1+1=？"这个问题，大多数人都会不屑一顾地回答："那还用问？1加1

当然是等于2了。"但当我告诉你，1加1事实上有可能不等于2时，你会做何感想呢？其实，很简单，当1（里）+1（里）时，答案自然为1公里了！

这个世界，很大很大，它拥有浩瀚无边的广袤海洋，拥有一望无际的辽阔沙漠；既胸怀令人惊叹的世界八大奇观，也手握秀丽的山川、明镜般的湖水。人世间的各种喜怒哀乐，悲欢离合，都无一例外地在世界这个大舞台上演绎。所以，不要轻易说不可能。

或许你曾惊异于东非大裂谷的雄浑，讶然于撒哈拉大沙漠的广阔，为胡夫金字塔的巧夺天工而赞叹，为天池的脱俗而震惊。面对这或是天成或是人为的奇景，你会觉得，任何不可能都将成为可能，包括蓝色的马，黑色的花……

时间的脚步定格在1998年。那个夏天，全国人民忘记了烈日的炙热，忘记了自己的一切。电视机前少了平日的欢声笑语，街上也没有了袒露的笑颜。一场百年不遇的特大洪灾，正如恶魔一般，吞噬着长江平原。往日人们赖以生存的像母亲一样温柔的河水，突然变得失去理智，面目全非。它咆哮着，怒吼着，卷起千万朵浪花，似乎想主宰整个世界！要想战胜它，那简直是不可能的。然而，为了人民能安居乐业，为了百姓能重建家园，一批又一批的解放军战士扑了上去，全然不顾洪魔的肆虐，建起了一堵坚实的铜墙铁壁。终于，洪水被迫撕碎了那张狰狞的面目，恢复了昔日的平和与安宁。我们把不可能变成了可能！

是谁说亚洲人是病夫，不可能摘取田径金牌？2004年8月的雅典，刘翔用汗水和激情碰撞出梦想的火花，12秒91的成绩让世界为之震颤！中国人，正在迈着矫健的步伐，追赶着一切的不可能，使之成为不折不扣的现实！

也许，山峰真的会有没有棱角的时候；也许，天与地真的会有亲密接触的时候；也许，时光真的会倒流，地球真的会停止转动……

不管明天会怎样，未来会如何，我将永远对自己充满信心。一切都皆有可能，如果你不轻易说不可能！

或者，这个世界上真的会有蓝色的马，黑色的花……

评语

小作者用清爽优美的语言给我们展现了一篇非常优秀的佳作。用"抗击洪水""夺取金牌"的典型例子来证明了中国的美好与强大。同时，也告诉了我们每一个人，在这个世界上，没有什么是不可能的，只要我们认真努力地去做，一切皆有可能。

——马佩霞

一代奸雄，真让我着迷

2002级9年级2班　毕　波

"滚滚长江东逝水，浪花淘尽英雄，是非成败转头空，青山依旧在，几度夕阳红……"在那豪杰四起的年代，你始举孝廉，于州内设五色棒十余条，凡有违犯者一律罚之。你的胆识注定了你并非常人，要在风云变幻的三国——这个历史舞台上掀起一段波澜。因为你是"治世之能臣，乱世之奸雄"的曹操。

那年，黄巾军起义，你率众平叛。天下初定之后，东汉政权名存实亡。你身为一名都尉，并不甘心。后来董卓废少帝而立献帝，人人都为东汉的江山痛哭流涕，你却屈身事卓，大臣恨不得将你碎尸万段时，你却上演了"诛董贼孟德献刀"一幕，最终行动失败，你被迫离京，从此踏上了逐鹿中原的征程。

你回到家乡，首先发出矫诏，号募了许褚、郭嘉等一系列文臣武将，为自己东征西讨奠定了基础。自灭了国贼董卓，数十年内，你礼待下士，三次发布了"求贤令"，才让你得以灭吕布，破袁术，逐刘备，收张绣。官渡之战，以少胜多，大破袁绍于乌巢，充分体现了你卓越的军事才能。官渡之战以后，你"挟天子以令诸侯"，位及宰相，而后封为魏王，能与你抗衡的唯有孙权，刘备二人。然而，此时的你却骄傲起来，最终尝到了赤壁之战的苦果。但你毕竟是曹操，泰山崩于前而面不改色的曹操，面对着刀光剑影你何等从容！

人人称你为汉贼，而我却不认为，虽然你挟天子以令诸侯，但却没有像董卓一样谋位，每每有人劝你时，你一口否决；而你在众人"逼问不过之时方吐心声""若如此，孤为周文王则可"。正如你所说，若天下无你一人，又不知有几人称王，几人称帝。北方正是因为你的统一，人民才能不生活在战乱之中，这不是你的功劳吗？

然而你毕竟也是个凡人，凡人就免不了生老病死，你的死竟将我的泪水引出。但你毕竟是曹操，为防止后人盗墓，你设疑冢七十二。这就是你的一生，一个"宁教我负天下人，休教天下人负我"的一生；一个"对酒当歌，人生几何"的一生；一个为司马氏统一奠定基础的一生……

千年后，当刀光剑影皆已暗淡，当你永远沉睡于历史的长河中，人人都将你忘却，而你却将永远地在我心中"驰骋纵横"……

评语

从文章中可以看出小作者有非常深厚的历史文化知识，并且他没有跟随世人的评价认为曹操是一个奸臣，他有自己的思想，因为每个人身上都有值得学习的东西。加油！老师永远支持你，因为我们只要活出自我，才能拥有一个更加美好的明天。

——马佩霞

五颜六色的我

2003级8年级5班　陈　静

黄皮肤、黑头发是所有中国人的象征。没错，我是中国人(如假包换)，我毫无疑问地拥有中国人应该拥有的一切色彩。

白色的我

我喜欢用白色来代表春天。因为春天是一切生命的开始，是一年四季中的first。而白色，是所有色彩里的始发点。在春天，我总是喜欢用白色把我隐藏起来，因为那会让我在这个安静的、纯洁的季节里抹去痕迹，真正地感受那份空白的开始：生命的出发，行动的准备，与时间的同步。白色一点点弥漫在心灵深处的角落，是一个新的大扫除计划，没错，是给心灵的洗刷。这并不是为了让心灵干净些，而是留出一点儿空间，来储存春天给我带来的喜悦与宁静，来储存白色给我带来的纯洁。我则是白色的。

灰色的我

会突然光临这座城市的雷阵雨，总让人烦躁得无法形容。闷死人的空气，足以不用火就可蒸熟几笼美味的包子（放心，绝不会是夹生的，要是有市场，天津的"狗不理"早就关门了，可如今的世道黑暗呀！）。灰色的天空，死气沉沉的；灰色的马路，热的烫眼；灰色的心情，早已被无奈的夏天烤得快要蒸发。即使是雨，也无法让心中的急躁打点儿折扣，只要一点也好，可惜那绝不可能。温度让我不会在空气中留下欢快的笑声，要是有，也只能是苦笑，灰色的一切将我埋没在喧杂的城市中，无影无踪，无声无息。因此，我又变成了灰色。

蓝色的我

秋天，丰收的季节，喜悦的季节，在欢笑声中，有了硕果累累，怎么说，也该是金色的。但是秋天，有高高的天空，那是一种没有尽头的颜色。蓝得永远望不到头，不错，的的确确望不到头。伴有瑟瑟的秋风，这并不冷，只是凉凉的，凉到心中有了孤独的味道。头发一丝丝地在睫毛前划过，带走的是尘埃，留下的是眼前明净的风，同样是爽朗的蓝色，而我，则一定同它一样，是的，同它一样，是蓝色的。

红色的我

拥有白雪的冬天会是红色的，这无论是谁也无法相信。但是，在我的心中，冬天就是红色的。不需要任何可以说服你的理由，只因为我觉得它是，它就一定是。一年中的结束就在这个季节，不错，是个很好的结尾，红红火火的。

色彩，它就在我的口袋中，它会将我融入这个多彩的世界，装扮出一个独一无二的、五颜六色的我。

评 语

小作者用四种颜色来表现春、夏、秋、冬时不同心境的自己，富有诗意的语言让人读起来如痴如醉。希望小作者坚持写作，用五颜六色的我还自己一个五颜六色的童年。

——马佩霞

飞翔的翅膀

2003级8年级8班　白文婷

花季的流年似乎是一杯淡淡的纯净水，虽然平凡无味，但却充实地占满了人生的精彩回忆。我有幸正在品味花季，所以我可以告诉你，我品出的花季流年，是多么的美丽……

时间似乎总是追逐着自己的梦想，所以总是忘记了我们的感受，我们只好在生活中奔跑，为自己赢一个美好的未来。可是，就在这样的时刻，我却走进了自己的黑暗，品味着毁灭的定义。我是在一场比赛中，失去了自己，失去了我追逐的方向与希望。我痛苦地在悲伤中挣扎，结果于事无补。泪水在眼眶中打转，终于在一秒之内流下，而我的心也在这一秒内粉碎。曾经的骄傲与希望，被失败的风吹得再也找不到；曾经的信心与微笑，被失败的力量击碎在地上；曾经的欢乐与开心，被失败的尘土封在了冰冷的心中……一切的一切全都找不到，犹如雾中看花那么的不清不楚，似有似无。我失落地带着失败的心与沮丧的脸，走在伤心的冬天。任凭雪花嘲笑地落满全身，任凭寒风再次吹痛我的伤心，我只是静静地走着，没有任何的表情，没有任何的语言。在这一刻，一切都像被冻结，冻结得让我再也不记得我，再也找不到自己……

雪花戏剧性地越下越大，我真不知道是不是来配合现在落寞的我？难过地望望这个荒凉的冬天，望望这个让我迷失的冬天，也许我真的与我的梦想背道而行了。我又禁不住伤感，泪一滴一滴滑过我冰冷的脸颊，如同心中滴下的血液一滴一滴落在地上。我似乎听到了绝望的歌唱，听到心被撕裂破碎的低吟。我将双眸朝向泪滴下的地方，竟发现有一朵小小的野花悄悄地开放。我竟突然惊呆在这寒冷的冬天，心中有一点暖暖的感觉。我看着小花莫名地感动，看着它不畏严寒地生存着，我满面通红。再看看它，似乎它对我说着话："在这个世界上，没有什么是不可能的。像我这样脆弱，依然能生存在寒冷的冬天，这不就是一种可能吗？"我愣在原处，想着我该想的……

对，我有希望，我一定有希望，我不是拥有花季吗？这不就是我的资本吗？为什么我看不到呢？小花的话没错，在这个世界上没有什么是不可能的。

我拥有花季做自己的资本，我拥有年轻做自己的希望，我会走出自己的黑暗，发现自己的价值，只要我付出努力，定会收获生活给予的回报。

于是我唤回了自己的信心，唤回了自己的微笑。我想我一定会长出飞翔的翅膀，飞过我的黑暗，飞过我的失败，找到那个拥有骄傲的我。拼搏是我的信念，飞翔是我的目标，没有人可以阻止现在热血沸腾的我，没有人可以击退我的热情，无论我将面临什么困苦，什么艰难，我将会用自己的微笑面对，因为我知道在这个世界上没有什么是不可能的。

时间终于又与我并行，它可以证明我的一切；泪水与我再见，我知道我已经坚强。

成功的一天终于又和我相遇，我笑了，舒心地笑了。我终于将心中的尘埃涤荡得干干净净，无羁的心情又飞回到蔚蓝的苍穹，我自信地数着自己的收获，心中被不知名的东西击撞，泪又打湿了双眸，但这次绝对是幸福的。

我为自己的勇敢骄傲，我终于长出了飞翔的翅膀，我终于战胜了自己的不可能！

其实我走过的艰难，正是我飞翔的翅膀。

噢！飞翔的翅膀，花季流年真美好！

评　语

文章开头写得很让人深思，也许在面对挫折时我们都有过心灰意冷，但只要我们坚持，柳暗花明定会更加美丽动人。小作者在面对失败和挫折时的坚强值得我们每个人学习——直面挫折，永不言弃！

——马佩霞

用美好的心灵看世界

2003级8年级1班　韩嘉妮

我阳光，我开朗，我自信，我坚强。因为，我用美好的心灵看世界。

——题记

我用美好的心灵看世界。失落的时候，抬头看看天，看淡蓝色的天空刹那间凝结，那是一种连最伟大的画家都调不出的蓝色，静得使人忘却一切。

瞬间，我只觉天旋地转，自己与天地经历一切轮回。猛然醒悟，才发现这个世界如此美丽。看着这一切，又怎么舍得让心去为小事所烦恼。美好的心灵给了我美好的世界。

我用美好的心灵看世界。冬日的早晨，倔强的公鸡迟迟不肯打鸣。或许那太阳，还舍不得离开美国。一边向手心哈气，一边抱怨为什么只有我们学生如此命苦。打开柴房门，突然发现，自己的身躯映在地上。惊回首，一牙儿新月停在楼旁。朦胧的月儿如披上了一层薄纱，又似妙龄少女轻闭的灵眼。原来万物皆静的夜晚，也有如画的美景，冬日的早晨也如此美丽。美好的心灵给了我美好的一天的美好开端。

我用美好的心灵看世界。伤心的时候，似乎天地一片昏暗。忽然，刺耳的笑声冲入耳畔。抬头正欲咒骂，却看到同学那张无比灿烂的脸，我呆住了。我看到的已不是一张脸，那分明是仲夏夜晚暗开的丁香花，沁人心脾；是山间盛开的百合花，清新怡人；是漫天飞舞的合欢花，使人爱怜……我发现自己的腮边还挂着一滴泪珠，于是我抖掉它。我不甘心在别人充实地度过每一分每一秒时哭泣，同是一分一秒，我也要和别人一样过得充实！美好的心灵给了我充实的每一天。

我用美好的心灵看世界。孤单的时候，心里乌云密布。相反地，心里反而更宁静。不断地想起朋友们的种种不好，总觉得自己太委屈。好友发现了我的反常，走过来安慰我。她的话语那么耐听，像一双巨手撕碎了我心中的乌云，使灿烂的阳光温暖了我的心；像潺潺细流滋润了我，使我龟裂的心变得湿润、肥沃。这才发现，平日大大咧咧的她，竟如此体贴。于是忘记了朋友的不好，美好的时光占据了我心中的一切空间。美好的心灵给了我更多的知心伙伴。

越来越多地发现，用美好的心灵看世界就是主动地去发现生活中的美。我愿意去发现美，使我的生活更充实。因为我知道，岁月流逝中，这些我所发现的美，就是生活给我的最美瞬间！

评语

小作者运用了排比的段落写作手法，深化了主题，情节也颇具匠心，整个故事既出人意料，又在情理之中。是的，只要我们用美好的心灵看世界，世界定会还我们一个更加纯洁明净的心灵。

——马佩霞

二、心灵的距离

生活常常是这样，刻意为之往往不能缩短彼此的距离，而偶尔发生的一个细节，一个举动，都会在人与人之间架起美丽的心灵桥梁。

远　近

2003级9年级2班　罗利贞

我常常喜欢坐在巴士上走我的路，长的，短的，我享受着那一份安静与喧闹。

（一）

又是夜幕降临，华灯初上，我在拥挤中被人流推上那辆熟悉的巴士。像这样的高峰期，能上车就已经很不错了，我不巴望去抢个座位，毕竟这是很不现实的。前面立着个高大的背影，借着车上微弱的灯光，我看到了他疲惫的面容，嘴角却依然残留着一丝微笑，应该是个快乐的人吧。西装革履却裹着一颗年轻的心，看起来还是那样的稚嫩，却早已担起生活的重担。应该是个追逐生活的人吧，想着，青年人舒了舒身子，一步步走向车门，我看到他一点一点被夜色吞噬……

（二）

还是黑，不过现在是清晨。我想我是惧怕寒冷的，每次出门都要回去几次，即使穿得再厚，也哆嗦着不想前进。路口的风像是只饥饿的狮子，看到我出现，就马上眼都不眨地把我身上所有的温度都毁灭，像一根细小的火柴在门外摇摇曳曳，一不留神就被吹灭了，留下一缕缕青烟。说真的，我喜欢冬天的早晨，除了天气。冬日的早晨是暗蓝色的，人很少，车上也是。很容易就找到座位，靠窗。同车的是和我一样穿着款式各异校服的少年，撑着惺忪的双眼，眼神是冷的，和窗外的风一样。车开到一个小站，一个女孩愤愤地上了车，门外是一位老妇人，在路灯下显得很沧桑，颤颤地站着，车开动了，毫不留情地将她甩在了黑暗中。女孩没有回头，她靠着个男生坐下，脸上的神态马上变了，不一会儿，两人就开始说说笑笑，宁静的车厢一时变得嘈杂起来，我隐约听到："刚才那是你妈吧，来送你？""是啊，她讨厌死了，总当我是长不大的孩子，每天都来送，让她不要来吧，可就是不听，真讨厌。"……后面的话听不真切了，因为我实在不想去听这些比冽风还冷的话，脑里仿佛又浮现出老妇人在风中颤抖的柔弱画面，我更钟情于窗外的世界，车内的空气太混浊。

（三）

我不喜欢春天的明媚，它让我觉得自己好像被劈裂，阳光使我无处可逃。中午是我最讨厌的时刻，我不喜欢太阳在寒冷中假惺惺地发散着那点相对性的温暖，在我身上留下余晖，使我昏昏欲睡；我不喜欢这种不自在，像链条牢牢把我锁在石柱上，把钥匙放在我刚好够不到的区域，让我望而莫及。

车上还是嘈杂，嘈杂得让我与世界隔绝。一个人在这时闯入我的视线，我开始留意他的一举一动。不时他总低着头，眼神忙碌而迷离，他伸出了手，一双很秀气很修长的手，皮肤很白皙，接着慢慢伸进旁边一位中年妇人的包。然后他已找到了他想要的，开始将手缩回。但另一只手，是一只并不好看，甚至像老树皮般的手一把抓住了那只修长的手，那漂亮的青年的脸瞬间转为紫黑，迅速将他的所爱从手中脱离，很用力地想挣开那只手的束缚，却被那人紧紧攥在手中，像磁铁一样，磁场巨大。下一站，中年人将那漂亮的青年人拉下了车，我看到路边的牌子上赫然画着派出所的标志……

后记：我还是一直在车上走我的路，摇晃的车身一次次带给我摇荡的生活，距离在车轮下缩短，我努力向前走，看到了黑色的轮廓，镶着黑色的珍珠。我不懂别人的心，因为我不善于揣测，我不知心灵的距离有多远，也不想知道，因为我始终向往没有距离的人间，没有虚伪，没有厌倦……

心与心的距离，永远都是零……抬头仰望，启明星在天边闪耀……

评语

人在独处的时候更能听到自己内心的声音。乘车亦如人生，会在途中遇到形形色色的人，有人上车，有人下车，只要我们坚守内心的正义，世界都会明媚。

——马佩霞

我的青春永生

2003级9年级9班　杨雷云

"人生就像一次旅程，不在乎目的地，在乎的是沿途的风景以及看风景的心情。"也许青春就是这旅途风景画中最完美的一笔，它的着色以及对线条的把握都是恰到好处。因此，我享受青春这段旅途，我希望在到达沿途的每一站时，都能看到"乱花渐欲迷人眼""淡妆浓抹总相宜"的青春景色，我的青春就是永生的了！

青春是否真的永生呢？我带着这个疑问展开深思。想着想着，在我的脑海中出现了两个可爱的小天使。一位是"悲伤"，一位是"欢乐"。悲伤抢先发言了："还记得那个风雪交加的夜晚吗？还记得你独自漫步看孤独的风景吗？"它似乎说得有些夸张，有些凄凉，不过我还是希望它继续说下去，因为有位知心的朋友对我吐露真言，可以让我更好地得到答案。"因为你考试失败了，那次对你来说是沉重的打击。我知道你不想这样糟蹋自己，但是你的内心应该更坚强些，对吗？"听了悲伤的话，我觉得原先蔚蓝的天空此刻充满了阴霾，风飕飕地吹，吹得我的心透凉透凉的，我知道今后还要遭受挫折的打击，也许是一生的。虽然它鼓励我要学会坚强，但是……

欢乐似乎也皱紧了眉头，不过它的观点和悲伤是截然不同的，它清了清嗓子，微笑着对我说："不要那么悲观嘛，生活在花季岁月里，应该是五彩斑斓的呀！"接着它又唱起了小曲："我的热情好像一把火，燃烧了整个沙漠……"听了它的激情演唱，我感到了万分的活力，其实青春就是一颗糖，细细品味才觉得香甜，甜在嘴里，更甜在心里。"其实呀，我和悲伤都是为你好，想想如果没有遭遇挫折后的悲伤，哪来收获成功后的欢乐？"天空又恢复了往日的蔚蓝，虽然飘着云，却也是绿叶映红花，使天更蓝了。今后的岁月里，还有无数晴天与阴天，共同创造雨后七色的彩虹！

青春是否是永生的呢？至少我的答案是肯定的。它就像一首永远唱不完的歌，开始时低沉而又让人心绪低落，但当唱到高潮时，又令人心潮澎湃，生命因此得到升华。青春让我变成了一只火烈鸟，飞向向往的蓝天。

等我得出答案的时候，我还在人生的旅途中游荡，四周山野烂漫，五光十色的花儿朝我微笑，让我拿起画笔，再着一色，永不褪色。

评语

文章短小而精悍，富有创意，很有文采。在人生的长河中看，青春是永生的，珍惜当下，在快乐和悲伤中砥砺前行。

——马佩霞

我的梦幻气泡

2003级9年级7班 陈 瑾

十五岁的我，每天的生活都丰富多彩，充满欢乐，早晨起床的第一件事就是对着镜子微笑，然后开始一天的梦幻生活。

红色气泡

"哇，好漂亮的红色发带，真好！""喂，小姐，这都什么时代了，你还戴红色发带，有没有搞错啊！""怎么不行啊，现在提倡个性化，适合自己的才是最美的！"在我的据理力争下，对方终于努着嘴离开，我们结束了这场没有结果的战争。唉，虽然是这样，但心中依然不是滋味，还是摘下了这条美丽的红色发带。我的红色气泡消失了。

绿色气泡

我嘴里津津有味地嚼着最爱吃的绿色泡泡糖，坐在电视机前认真地看着动画片，嘴里吹出或大或小的泡泡，妈妈走来，看着我这幼稚而又可爱的动作，笑着对我说："我的宝贝女儿，什么时候才能长大呢？"我也只能吐吐舌头！

只听"呼"的一声，我的绿色气泡破裂了！

蓝色气泡

"哇，好蓝的天！""是啊，已经好久没有这么晴朗了！"好友与我坐在石阶上，抬头看着蓝蓝的天空，闭上眼睛享受着这久违的阳光与微风，不由心情愉快，浑身轻松，可是心中老有什么事挂念着……糟了，上课要迟到了，我们一阵飞奔赶到教室，结果还是被老师拒之门外，这下又免不了上一堂"政治课"，我俩也只能苦苦一笑。唉！我的蓝色气泡飞了。

紫色气泡

静静地坐在窗台上，望着深蓝色的天空，看满天的星星眨着眼，脸上已有两行泪落下。手中握着《苔丝》，心中回想着这个动人的故事，一面为他悲惨的命运而愤愤不平，一面对这个可悲可怜的人物心中充满了同情，这是一种紫色的心情，有点忧郁，有点感动，还有点伤感。看着放在桌上嘀嗒作响的小闹钟，已是深夜了，睡吧，也许在梦中，苔丝还会给我个甜甜的微笑。

这令人回味的紫色气泡又慢慢地沉了下来。

粉色气泡

"喂！老实告诉我，你和他是什么关系？""我……我们只是认识两个月而已。""就这么简单吗？我看你是喜欢上他了吧。""你乱说什么呀！"在好友的追问下，我的脸涨得通红，心中也扑通扑通地跳个不停，心中虽然不承认，但还是有种朦胧的感觉，忽近忽远，忽灭又忽现……唉！也许青春就是这种感觉。算了吧，还是做我自己好。

这唯一的粉色气泡也飞走了。

红色的气泡带给我个性，绿色的气泡带给我纯真，蓝色的气泡带给我天空的纯净与宽阔，紫色的气泡带给我感动，而粉色的气泡则带给了我一份青春的情感和心跳。

我的生活就是充满了这些梦幻的气泡，它们这些精灵整天围绕着我，使我在人生最灿烂的季节里光彩夺目，丰富多彩，充满了欢乐。

文章以梦幻般的视角来写小作者自己丰富的内心世界，立意独特，很有新意。快乐的向前也是一个美丽的气泡时刻围绕着你。

——马佩霞

我的1067号车站

2003级9年级1班　王　涵

无论怎么样，你喜欢或是不喜欢，我都要感谢把目光停留在这一页上的人们：感谢你们的微笑与陪伴。

——写在前面的话

一帧帧纯美的画面像一节节车厢一样，倒行着，驶向那个叫作"青春"的1067号站台。

八月，很多事还来不及思考，就这样发生了。已经是八月了，可太阳还是那样骄躁，倔强地炙烤着大地。这个夏天一过，我们又要回到那个黑板白墙的地方，日复一日地奔波于两点一线之间。

回到教室，那熟悉的气味同阳光一起充斥着我们的感观。从现在起，我应该是一个大孩子了。我呆呆地望着黑板，依稀可见数学老师写的公式。他是个可爱的老师，鼻梁上架着一幅厚厚的眼镜，耳朵总是翘着，像两只飞舞的蝴蝶。他平时对我们也是笑嘻嘻的，即使在发威时，我们也不怕。"喂，想什么呢？""啊没什么，你暑假作业做完了吗？"同桌拍了拍我的肩膀，我才回过神来："没有呢，还剩不多了，反正老师管不管还不一定呢，我……"就这样，一直侃了下去……

一暑假，一转眼，一瞬间。新的学期就这样开始了。一直在幻想那个载满青春、活力、泪水与汗水的列车，在1067号车站驻足，载上我们这群心中充满希望的孩子。

九月，"每一个不曾起舞的日子，都是对生命的辜负。"尼采如是说。

我站在九月的面前，西朝墙角，看黄昏的日光飘落下来，一片一片挂在白墙上面。日子还是一如既往地苍白，虽然我们在不久的未来就要离开母校，可是班主任早已经在我们脑海里灌输"一中论"。"大考在即，你们一定要把握每一次月考和测验，这关系到你们的未来……"于是我们揣着"分不惊人不罢休"的心情上了考场。

后来，我考出了一个令自己基本满意的成绩。后排同学问我的总分，同桌一副不屑一顾的神情，倒着身对她说："人家可是好学生，就咱们的这点分，能和人家比吗！"我愣然。

我从来没有想过自己在别人心目中的样子，只是执拗地想别人爱怎么样就怎么样吧。同桌的话令我十分不舒服，尽管他没有什么恶意。

信任与怀疑是我们这群正处在青春岁月里的孩子的很大特征。其实信任与怀疑是架跷跷板，信任自己的心有多沉重，怀疑自己的念头就会不由自主地翘得有多高。在1067号车站上面等待的孩子，只要有希望的青春，就足够了。

十月，傍晚时分，街灯昏黄得有些残忍。这才十月，傍晚的风已是很凛冽了。风透过毛衣，像一把利刺一样渗透进我的神经，我不觉地打了个冷战。"你小子该穿厚毛衣了吧，只穿一件单衣不冷吗？"我问同桌，"不冷不冷，我有金钟罩、铁布衫啊！"……

同桌是一个名副其实的"孔乙己"，上课极少认真听课，即便是他认真听了，也基本上是不会的。他肚里的墨水本来就不多，还老装作很渊博的样子。于是我用一位老师很常说的一句话来描述他："牛肉面的装饰品"。有一次他不好好听课，我告诉他别拿自己的前程开玩笑，他便嘿嘿地笑了起来，我真是哭笑不得。直到现在，能这样释情地笑的只有他了吧。这小子，都掉到全班50名了，心里还是没有一点紧迫感吗？

席慕蓉在《素描时光》中说："在开满了野花的河岸上/总会有人继续着我们的足迹/走我们未走完的路/写我们未写完的故事。"青春的列车就快驶进1067号车站了，心中没有希望，怎能顺利地搭乘上它呢？有没有无动于衷的人了呢？

十一月，重复设问，我们是否将变成第三人称。每一次对自己喊加油，都是充满希望的。妈妈说我们这个年龄的孩子正处于青春的山峰上，那一步一步登上峰顶的东西，正是时光，浑浑噩噩也是一天，充实愉快也是一天，充满希望的青春是走向终点的必经之路。

以后，当我们离开母校的时候，可能学弟学妹们会用她或他来称呼我们，即使那个时候，青春和希望也是不可忘记的。我想起雪莱说的："冬天来了，春天还会远吗？"这时，心里一定是充满希望的。

在1067号站台等候的我们，也许有的会变为青春的过客，但乘在列车上的孩子们，将无怨无悔地拥有青春。

评语

小作者写了开学后自己的四个月，其实人生的每个月甚至每一天都是不一样的，既有付出也有收获。亦如我们的人生，每个阶段都是不同的站点。无怨无悔地过好每个阶段便可成就一场无悔的人生。

——马佩霞

因为有你而精彩

2004级8年级7班　王蓝娇

黎明不会因鸡鸣才到来，鲜花亦不会因人们的赞美才芬芳，不要因为生活中的一点挫折而放弃属于你生命中那粒叫作"坚强"的种子。

——题记

大地因太阳而光明，小草因春天又重生，我因为有你而精彩！

我曾多少次失望过，懦弱过，我也曾有过跌倒了就再也不想爬起来的念头，是你教给我不要放弃，不要被生活的压力所压垮，于是我重新站了起来，准备迎接新的挑战。

也不知谁说过："一百次跌倒，就要一百零一次站起来！"原本学习成绩一直不错的我，在一次考试中却失败了。走出考场，我抬头，望见灰暗的天空，心里有一种莫名的酸楚，直到现在，我都弄不懂那是种什么滋味，是酸？还是苦？

第三天，成绩出来了，我果然考砸了，卷子拿在手里，仿佛有千斤重，它沉甸甸地压着我的心。老师的失望，父母的叹息，如同海水般向我汹涌而来，我恐惧极了，我简直就要崩溃了。唯有放弃，才是最好的解决方法。这种"破罐子破摔"的念头一冒出来，你立即在我耳边轻轻说了句："不要轻言放弃，不要因一次考试的失败而彻底否决了自己，否则就对不起自己！"

我要坚强，我不能放弃，我还是有机会的！以后，不管碰到什么事，因为有你，我都会做得更完美、更精彩！

一个人出生的那一刻，坚强、勇敢、忍耐……人生这些优秀的品质，如同一粒粒种子，落在生命深处，那些放弃自己的人，就是在自我的精神世界里放弃这些种子的人，而生活中的胜利者往往是侍弄这些种子的高手！

有一个人，从城里被迫流落到乡下，若干年过去了，但他始终都保持着一个习惯——在午后，与妻子一道沏一壶好茶，在茶香的氤氲中品茗读书。这就是他对一粒叫作"坚强"的种子最高雅的侍弄。

那粒叫作"坚强"的种子，因为有你，我学会了不再放弃；因为有你，我知道了什么叫作"相信自己"；也因为有你，我的人生才会更加精彩！

评 语

文章简短却富有生机，我们的人生因为有了挫折而显得更加的美丽动人，一帆风顺的人生注注显得过于平淡无味。是的，我们都应该像小作者一样，因为只有坚持才能取得成功。

——马佩霞

成长需要压力

2004级8年级4班　王　丹

初春的早晨，晨曦带来春天的礼物，阳光洒在身上，柔柔的、暖暖的，一切总是显得那么顺畅，那么自然。

好似天神赐予的一个呱呱坠地的婴孩，赐予了人类最宝贵的生命。

这个小生命的诞生，给多少人带来难以言表的欣喜，这个幸运儿接受着亲人的爱的仪式，却又接受了一个任务：面对生活与学习的双重压力。而这个婴孩——我，则必须肩负起这个使命，一路向前。

历经了十三年的风风雨雨，我在快乐与关爱中生活，但更多的却是"压力"发给我的短信息。纵使这种压力向我扑来，但我毫不畏惧。

还记得上次的考试……即将面临考试的我，却依然在中下游地带徘徊，"毫无居所"，只好利用宝贵的时间和老师一块恶补。

上课铃声一响，我的大脑就必须尽快进入白热化化阶段，把自己的精神提到最高处，开始地毯轰炸式地扫描学习……

托着一副疲惫不堪的身躯，望着堆积如山的作业，此时的我已苦不堪言。

这段恶补期，我最高频率出现的动作恐怕就是哈欠连天呢！告别恶补期的这段"辛路历程"，它还似乎很不舍，送了我一个国宝才有的礼物——熊猫眼。还真让我深刻感受到学习的压力。

现今，高考的学生，整天似乎只剩下学习这项艰巨的任务了。我国的人口众多，就连大学生的就业问题都成了急需解决的问题。

羊是奔跑的"健将"，狮子成了草原的"猎手"。

作为二十一世纪的中华儿女，面对祖国的未来，我们必须勇敢地挺起胸膛，去迎接新的压力和挫折。

俗话说："化压力为动力。"而这话必须由我们亲自去实践。在压力中逐渐完备自我，乘着风去面对我肩负的职责。

"让快乐围绕我，让压力伴我成长。"

评语

文章中小作者能积极、乐观、向上地面对生活，值得一赞。经得住风吹雨打才能长成参天大树，抗得住压力才能使人成长，我们要时刻谨记，生于忧患而死于安乐也。

——马佩霞

我的自信

2004级8年级2班　刘夏清

走进初二，就意味着走进了青春。这花样的年华，透着阳光般的灿烂，彩虹般的绚丽。把握青春，乐观自信，为青春不留遗憾。

我自认为我很自信。在学习中，我有自信，可以思维敏捷；在生活中，我有自信，可以积极应对。我有了自信，就有了勇气，有了力量，有了成功的把握；我有了自信，也就有了理想，有了追求，有了生命的意义。

过去我一直认为，自信是一个空洞的词语，自从我看了这个故事，我才对自信有了更深的理解：苏格拉底在生命终结时有一个遗憾，就是没有一个能干的年轻人能让他把他毕生的知识传授。

在这之前的一年中，他一直让他年轻的助手去世界各地寻找一个理想的弟子。这位助手十分忠诚，保证道："我一定尽我最大的努力完成您的心愿。"之后，助手跨越五湖四海，历尽艰辛，可他找到的人都被苏格拉底一一否定。助手为此十分痛苦，在苏格拉底身体虚弱已躺在床上时，他又保证道："这次我付出任何代价也要为您找到徒弟。"苏格拉底安慰道："你对我很忠诚，其实那些年轻人都不如你呢！"助手下定决心去为苏格拉底寻找接班人。

事情并不顺利。一直到了苏格拉底奄奄一息时，助手泪流满面，满怀歉意地跪在苏格拉底床前："我终究没能为您找到理想的徒弟，我对不起您。"苏格拉底轻轻地说："其实，我要找的人就是你，你已经很优秀了，只是你不够自信。"说罢，苏格拉底离开了人世。

那位助手恍然大悟，后悔不已，在遗憾中荒度青春，过完余生。

看完这个故事我才明白，自卑是恶魔，他可以导致你像故事中的助手那样错失良机，悔恨终生，而自信则可以使你拥有完全不同的人生。如果那位助手相信自己，那他就可以得到苏格拉底的真传，就可以为人类做更多的贡献。可见自信有着决定命运的重要性。

为了让命运之神"垂青"于我，让我的青春不留遗憾，我选择了自信。

我的自信，可以让我在学习中领先，我的自信，可以让我在朋友中受欢迎；我的自信，可以得到老师的信任；我的自信，可以让我前程似锦。

我庆幸我成功的每一件事，它不是幸运和投机取巧的结果，而是我的自信与努力筑就而成。在这如诗如歌的青春年华，用自信给自己补充能量，多一分力量，多一分把握，领跑在队伍的前面，让青春不留遗憾！

评语

文章写作层次清晰，逻辑清楚，小作者用巧妙的笔法和形象的举例，写出了自信是人生的一大财富，拥有便是最值得的庆贺。

——马佩霞

我很重要

2005级8年级2班　丁　玥

我，很普通，但很重要。恰似那璀璨星空中的一颗星星，虽然很渺小，却能为夜空增添一缕光亮。虽然与众无异，但失去我，周围的星星便少了一丝欢乐。所以，普通的我是这样的重要。

我的生命，很重要。

我的生命，从出生的那一刻起，像似永不燃灭的火焰开始兴起，我用我的热情感谢上帝赋予我生命，感谢父母生育了我，自然接纳了我，环境为我创造了生存的条件。生命，对于我，真的很重要。生命是我的一切开始的前提，如果没有了我的生命，我又何谈重要？

我的微笑，很重要。

我的笑，没有"一骑红尘妃子笑"那样讽刺，更不会像西施颠覆吴国那样使人愤慨，也不可能像褒姒的笑那般千金难买。之所以她们的笑有那样大的震撼与魅力，其原因也许是镶在美人的脸庞上了吧！而我，不是闭月羞花，其貌不扬，我的笑，在每时每刻都会闪烁，感染着我身边所有的人。有人说，我的微笑，像春晨的第一缕阳光，拉开窗帘，剪一缕定格在眼前，总是那么温馨、亲切，让人能舒服一整天。有人说，我的微笑，像人在头昏脑涨时吹过的一阵凉风，顷刻间焕发出生机，重拾思绪飞扬的清新，让人倍感清爽。还有人说，我的微笑，像人在紧张焦急时的"定心丸"，让人轻松自在，信心倍增。原来，我舒心、发自内心的嘴角扬起的微笑那么重要。于是，我毫不吝啬地给予人们会心的微笑，让每个看到我的人都会开心快乐，也希望看到我的微笑的人能把微笑传递给别人。

我很重要，拥有生命的我在父母的手中被紧紧地捧着，显得那么重要。

我很重要，会给予大家微笑的我在我周围的人群中，显得那么重要。

我很重要，还是像那颗星星一样，少了我，大星星会着急；少了我，宇宙会叹气；少了我，身边的星星会失去很多乐趣……我很重要，缺我不行！

评语

本篇文章从普通的自己写起，富有真情实感，让我们深深感受到了小作者身上所拥有的力量。文章来源于真实生活，取材内容写得不枝不蔓，入情入理，语言生动准确！你真的很重要，你也会越来越棒！

——马佩霞

三、忽略的分量

> 在生活中，有时不经意间忽略掉的一些小东西：一声叮咛，一个微笑，一句问候，一个小数点，一处小破绽等，看似并不起眼，但意味却很深长……

小议"忽略"

2004级9年级7班　胡馨月

忽略者，乃因其小而轻其者也。

有人谓之忽略，必为微不足道者也，既然忽之，又有何惮？余以为不然。古谚曰："千里长堤，溃于蚁穴。"请君思之，蚁穴乃何其渺小微物也，竟溃长堤，此可谓物虽小而不容忽之。

君不闻雄主康熙，年幼即位，敏于文，十四岁应试，探花及第。然其文章本可得榜眼者也，是何道理也？盖其文卷有一墨点，污其卷，考官虽叹恨而无法也。由此观之，细微之物虽不入眼，然确能误事矣。

至若文坛泰斗苏轼，出于欧阳修之门，年虽轻然已颇负盛名。其渐生骄傲之心。有二吏借机诬其素怀不平之异心，上大怒，贬之于乌台。此所谓"乌台诗案"。盖因其不修小节，随意记偶得之句，以致险地于异党之手。

余观夫今之世风，皆犯有忽略之疏也。人心之大，竟胜天之一筹！呜呼！曾不闻："绳断之处，乃绳之细处也！"吾观前日之世乒赛，国之骄子张怡宁不幸败于对手，抱恨而泪。此皆因之只求大而忽略小，以致惨败。

故余诚惶诚恐，凡可以避粗处皆为也。然人之错，无可免也。但细之干事，必能裨补缺漏，有所广益。

总而言之，忽、略乃人之常情，但若处心避之，尽心改之，犹可补也，万不可以搪塞之词推托自身之过也。

忽略者，有时竟为最重要之环节，其中竟有致人于绝境，致家于破败者。故勿以其小而忽略其后果，否则祸将由此而生矣！

愿诸君共铭记之！

2007年3月

评 语

文章选材新颖，全篇以古文书写方式贯穿始终，有一定的文字底蕴，从古至今，从大家到生活，写出忽略者所"忽略"细微之物之事的要害，具有一定的启迪意义。是一篇不可多得的佳作！

——马佩霞

斑斓的季节

2004级9年级3班　彭　佳

春，像一个刚刚苏醒的婴儿；夏，像一个热情似火的舞女；秋，像一个婀娜妩媚的女郎；冬，像一个温柔恬静的姑娘。走过多彩的四季，记忆中留下了太多的美好；走过多彩的四季，记忆中刻下了永恒的阳光。走过这彩色的季节，它们让我记住了许多许多，有曾属于自己的一米阳光，有曾属于自己的一片蓝天，有曾属于某个角落永远无法忘怀的记忆。

——写在前面的话

一个人独自坐在房间时，面对着天空发呆，刹那之间想到了许多许多，虽然有的早已在我的人生旅途中失去了背影，但是我记得，我们彼此心中都留下了美好。

是的，我的朋友很多，他们给予了我莫大的支持和帮助，我却不用去想如何感谢他们，因为我知道，朋友之间是不用说谢谢的。

走过十几个多彩的季节，有的人早已在我的十字路口转身离去，没有忧伤，只剩下侧脸离去的光芒。我知道，他们是为了自己的梦想而飞翔，现在只是短暂的离开，不需要惆怅。

离去的已渐渐走远，但新的友谊之神会再一次降临到我的身上，尽管只有短短的两三年，但我们都明白，大家是朋友。朋友，是一个在你败走麦城时不会对你另眼相看的人，是一个在你飞黄腾达时仍旧对你称呼不变的人，是一个即使远隔天涯海角依然对你念念不忘的人，这就是朋友，一辈子的，不会改变的，你今生认定的朋友。

"每一次的擦肩而过，注定命运的再一次相遇。"这是我的一位好姐妹对我说的，她相信因为有缘，才能成为朋友；因为彼此坦诚相见，才能成为知己。

现在，忽然间觉得自己孤独了许多，也不会像往日那样嬉笑在课间，叼根棒棒糖，成天嘻嘻哈哈的了。我知道，我们都变了，世间不会有一件东西是永久不变的，就好像绚丽的樱花，只开在最灿烂的那一季。

彼此间变得陌生起来，姐妹们也都在各忙各的，少了一份熟悉的感觉。但是当一切似乎又回到从前时，就像又重新找回了昔日的蓝天。

"我的笑声/让我想起我的花儿/在我生命每个角落/都静静地开着/我还以为我会一直陪在她身旁/我们就这样/各自奔天涯……"

记得彼此的祝福，在这充满凄凉感觉的冬季里，忽然想起了朴树的《那些花儿》。是的，在最后的几个月时间里，我们都怀着心中的梦想背水一战，之后，在彼此的告别声中，又将走向了各自的远方。

当夕阳落在那悠长的轨迹前方，也就注定了我们将要飞向远方。就在这时，我突然明白，为什么有些东西要去好好珍惜，好好把握，因为这只有一次。

无论怎样的现实，我们都要学会面对，学会坚强，学会微笑，学会珍惜，学会放弃，学会坦然去面对。

走过多彩的四季，在这美丽的四季之中，我结识了你们。四个拥有季节之美的女孩，不需要用太多的语言去修饰你们，因为我知道，我们心中都有一座彩色的城堡。

我想谢谢一直以来你们对我的支持，不管是否会相见，我依然会记得，我们是朋友。斑斓的四季，因为有你们而精彩。

当命运再一次轮回至此，我走过孟婆桥，也许是我喝了一口迷魂汤却洒掉了一点，也许是我没喝完，因此我的记忆中都会有你们。

斑斓的四季，因为有你们而灿烂，如果有下辈子，希望我们还是朋友。当各自奔走天涯时，只留下默默的守候……

——写在后面的话

 评 语

全文清新秀逸，亲切委婉，朴素而不落俗套，极为准确生动，情感丰富而真实，读来津津有味。在四季中感悟人和事，将自己的情感释放。结尾最后饱含感情地表达自己的心声，也是对生活最美好的回忆和祝福。老师也将最好的祝福送给你！

——马佩霞

斑斓的季节

2004级9年级2班　施金彤

春天·孕育·萌芽

"叮—咚—叮—咚"溪水唱着欢快的歌儿，迈着轻快的步伐流向远方。不知何时，春这个可爱的姑娘已经来到了人间，她带着五彩的颜料，将大地描绘成一幅七彩的画卷，嫩绿的小草，斑斓的鲜花，在她的抚弄下微微摇摆，小树不知何时已悄悄地抽出几条嫩芽，张望着这个如画的世界。

春天，她唤醒了大地，吹绿了世界，使之熠熠生辉。

夏天·成长·拼搏

时间如水，转眼间，一个充满激情的少年代替可爱的春姑娘开始了对世界的另一番装扮。这个少年就是夏。他充满活力与激情，使一切在春季诞生的生物迅速生长，绽放自己的魅力。百花争妍，百鸟齐鸣，它们在这个充满激情的季节中展示着自己，同时，它们也在锻炼着自己。

在酷热的阳光下，在雷雨交加的黑夜里，它们挣扎着，坚挺着，百折不挠，为了自己的理想，为了自己的希望。

夏，就像一杯香醇的美酒，只有品尝过后，才能领略到其中的香甜与苦涩。

秋天·成熟·收获

领略完了春的妩媚，夏的激情，秋天，像一个青年，更多了一丝稳重，一分成熟！

他将收获慷慨地赐予农民，不信？你瞧，麦田里的麦浪在秋风的吹拂下泛起了阵阵涟漪，那些农民脸上更是荡漾着丰收的喜悦。

瑟瑟秋风中，几片黄叶打着旋从树上落下。我想：对于树叶来说，世界上最远的距离，是从树梢到大地的那一段，因为那象征着生与死的距离。上帝把生机与活力送给了春、夏，然而让秋展示的，是一种残忍的、毁灭的美。可是我错了，也许，生命的完结正孕育了来年的希望。

冬天·完结·沉睡

努力了一年，终于该歇息了。在秋走后，冬来到了人间，雪急不可耐地飘落，将大地装扮成一个银装素裹的世界。它让万物沉睡，经受不住诱惑的麦苗在积雪温暖地覆盖下，喃喃自语道："今冬麦盖三层被，来年枕着馒头睡。"说完，便沉沉睡去。

萌芽—拼搏—收获—完结，这是斑斓季节的旋律，不也正是人生的旋律吗？愿这精美的旋律响彻世界，让世界都充满这旋律的精魂！

评语

文章段落清晰，标题凝练概括，是文章的精彩之处。语言准确、鲜明、生动，内容极其丰富具体，写出了每个季节的情景，充满诗情化意，充满想象与韵律之美，令人愿读、爱读，不忍释手。

——马佩霞

生命之美

2004级9年级8班 张 玄

无论曾经你是否矛盾过，痛苦过，请相信每个都助你的人。谨以此文献给正在彷徨的一位好朋友。

——题记

别人都说青春是一道明媚的忧伤，朋友，我从不这样认为。我认为正值年少的我们是充满活力的，是上帝最宠爱的天使。你看，我们曾一起当着全班同学的面唱过歌，跳过舞，还一起玩一些惊险刺激的游戏。你可千万别忘了，我还一直把它当作青春的纪念。

有时会突然觉得胆怯，可是，请看看外面苗壮成长的万物吧，它们都这么勇敢地面对着成长中的挫折，朋友，你有什么理由说不呢？我还记得，你自信满满地说："我将来要去巴黎！我要当全世界最著名的设计师！"我是多么高兴啊，每个人都应该有梦想。可是朋友，你为何中途退却呢？

我把你看得那么重，所以怎么也不忍心放开手让你自己在外面流浪。我不仅心疼你，更多的是埋怨你。你到底心里在想什么？为何如此固执？朋友回来吧。外面的世界你才懂多少，你要忍受多少风雨。现在是冬天，我很后悔怎么没有给你买双手套；你不怎么认识路，我很后悔怎么没有给你指明家的方向；你有时不快乐，我很后悔怎么没有多关心关心你。

朋友，你是否记得这样一句话：

冬天到了，春天还会远吗？

即使你现在正处在人生的低谷，但我真的想帮你走出阴霾。你还记得汶川大地震时那惨痛的场面吗？多少人挺住危难，等待救援的到来！那是生命之花在尽情绽放啊！朋友，你不要忘了生命的重要，我们的生命本是一张白纸，正等着年少的我们精心涂画啊！海伦·凯勒多么坚强，她双目失明，却能用心去感受世界的美妙。她曾在《假如给我三天光明》中写道，如果她看见了这个美妙的世界，她一定要看看花儿是怎样尽情绽放，小溪是怎样潺潺流淌，小鸟是怎样欢乐歌唱。所以，请不要再彷徨，家是你的港湾，朋友是你的靠山。

为了你，我放下课程，去大街上，小区里，每个地方尽力找你。朋友，你怎么不知道，你的离开，我心里有多难受。我很无奈地发觉，原来天水这个城市挺大的，大到我根本无法追寻你的足迹。

此时此刻，我无心去做任何事，我只希望能看见你，看到你快快乐乐地与家人团聚。你孤身在外，我很担心你的病情，我亲眼见过你咳出鲜红色的血，面色苍白地告诉我："不要紧的。"怎么可以这样？生命是支撑你完成梦想的依靠，你怎么可以对自己的生命如此不负责任。

如果我俩心有灵犀，我希望我们此刻能共同回忆曾经的美好，你有爱你的父母，关心你的同学，赞赏你的老师。请回来，继续延续整个青春的天真烂漫。

朋友，回来吧，我愿带你了解生命之美。

评语

本文以友情书写生命之美，朋友的心至纯至真。生活中，我们不妨打开尘封已久的心扉，让自己的生命中多一缕阳光，这样我们的生命就会拥有整个春天。

——宁利明

生命之美

2004级9年级8班　陈燕颖

黑夜给了我一双清亮的明眸，似月光一般清澈、皎洁，它让我欣赏到了最唯美的花——生命之花。

——题记

朝阳渐渐跃过地平线，将它的万丈光辉馈赠给蓝天，于是就有了迷人的朝霞。生命的开始就如这美丽的朝霞，将最美的色彩集于一身。他是刚出生的婴儿，从呱呱坠地那一刻起，他就注定为这个家带来了新的生机与活力。他可以得到最灿烂的珍宝——爱；他可以看到最美的风景——微笑；他可以听到最动听的声音——父母的爱称。于是他拥有了这个世界上最华贵的东西。

子午的太阳用耀眼的光芒灼烧着大地，将它的活力输送给大地，于是就有了灿烂的大地。生命的里程就如同这灿烂的大地，将最绚丽的光芒聚于一身。她是一名热爱舞蹈的青年人，自从她看见舞蹈的那一刻起，就注定她愿将整个人生奉献给舞蹈。她勤学苦练，为的就是将她与舞蹈融为一体；她一个人在镜前舞蹈，为的就是展现舞蹈的美丽；她一个人在舞台上独舞，为的就是用舞蹈体现她的灵魂。生命的历程充满活力和想象。活力让我们对未来和青春充满希望和梦想，想象则让我们的生活乐此不疲。因为拥有生命才拥有未来的追求，而那绚烂的生命就是"人"的不懈动力。

黄昏的太阳慢慢收敛着余晖，将它最后的美丽奉献给大地，于是就有了清凉的黄昏。生命的后半程就如这清凉的黄昏，将风清清爽爽地送到大地。他们曾经是一群拥有朝气、梦想的年轻人，将一生都奉献给社会。后来，他们老了，干不动了，就在家里干干活，做做饭，没事跳跳舞，爬爬山。他们已将一生奉献给社会，现在也该歇歇了。于是他们创造了最美的风景，夕阳无限好。

我现在处于生命的开始，对未来的一切都充满好奇，我追求我的梦想，希望有一天我能实现自己的人生价值。生命之花才开出它的芽苞，想用自己的双手栽培它，让它展现出最绚丽的色彩，那就每天去浇水、施肥，看护它吧。我想只要用自己的价值创造出社会的财富，那么我就能让生命之美流淌在我的整个人生。

夜，静了，依旧是黑得透亮，依旧是黑得纯正，依旧是黑得让人思考。噢！用它带给你的明眸，重新审视生命之美。

——后记

评 语

本文以景衬情，语言清新明快，以朝阳、午阳、夕阳比喻人生的三个阶段：幼年、成年、和老年。三个阶段又体现了人生不同的生命价值。文章结构严谨，情与理自然融合。

——宁利明

四、自己与别人

生活中，没有人能够单独生存，没有谁能离得开别人。

尊重自己，尊重别人，这是做人的基本法则！与人相处，我们要豁达宽容，真诚乐观……

别人会犯错，自己要宽容

2005级9年级5班　王羡之

上古时代，有两人居住在一个梦境般的地方，这梦境般的地方叫作梦中幻居。这两个人呢，一个叫自己，一个叫别人。

他们从小相识，一起玩耍，一起学习，一起出游……结下了深厚的友谊。长大后，这两人还住在那无与伦比的梦中幻居里。他们并不富裕，但充实；并不悠闲，但安然；并不睿智，但单纯。他们过着自给自足的生活，每天早上去耕地，中午为果树浇水，施肥，下午钓鱼或打猪草。他们仿佛是一个人，就像左手和右手，他们内心深处好似只有一扇虚掩着的连通两个心灵的门，随时能感应到对方的喜怒哀乐。

每天，自己总是第一个起床，然后简单地做好早饭，便叫别人起床。一起吃过饭后便去锻炼，然后耕作。偶尔他们还走出梦中幻居到外面喧闹的集市上去。

一次，自己正和别人走在集市上，正好遇到高官老爷经过，一路上敲锣打鼓，好不热闹；周围几个人举着华盖，几个人抬着轿子，好不威风；那位老爷右手托着一个精致的紫砂壶、左手握着一柄折扇，好不悠闲。自己看了别人一眼，只见别人正望着那高官发愣，眼睛闪闪发光，流露出了强烈的羡慕之情。自己不明白了，这是自己第一次猜不出别人在想什么。回到梦中幻居后，天已黑。他们二人躺在床上，自己很快进入梦乡，而别人两眼鳏鳏，直到深夜才去见周公。在梦里，别人问周公："我怎样才能当官？"周公叹了一口气，摇摇头，捋着长须走了。

第二天早上，自己早早地起来，却发现别人已不见了，他只好自己耕作。一周后，别人还没有回来，自己有些担心。回想起那日别人看那位高官的眼神，他若有所悟。自己便到了集市上，别人果然在那里，但他替换了为高官抬轿的人，虽然肩被压得疼痛不已，但别人脸上还有一种得意的神情。走过自己身旁时，看也没看自己就走了。自己怒火中烧，走到别人面前，呼喊他的名字。别人却冷冷的一句："去！"自己用颤抖的声音说："你我从此再无半点关系，我们割袍断义。"说着，便用匕首割下长袍的下摆，回到了梦中幻居。

但别人很快便后悔了，因为他发现那高官的万贯家产是通过鱼肉百姓、搜刮民脂民膏而来的。他找到自己，却被自己拒之门外。他找来一位长者，希望能让长者劝自己原谅他。

长者对别人说："这件事本是你的错，你要先向自己道歉，我才能帮助你。"

他们便来到自己门前。别人敲了几下门，然后说："自己，我……"

"你什么都不用说了。"门里传出自己冷漠的声音。

别人难受极了，要是自己出来打他一顿他反而会好受些。"不，对不起，自己。"

长者说："自己，你要接纳别人，不要太严格要求别人。人非圣贤，孰能无过？"

门慢慢地开了，自己站在门的那边，一言不发地望着别人。

……

📖 评 语

用寓言的形式，生动地给大家讲述了一个富有哲理的故事，通俗易懂，却发人深思。

——苟维宏

我和杜甫有个约定

2005级9年级5班 刘 璐

行者无疆，带一身凛然正气。

——题记

每当雨水飘零，你总是给我以思考。

每当寒风袭来，你总是给我以希望。

掬一泓清泉，静静品味历史与沧桑，浮华逝去的背后，不是凄凉，而是辉煌。

赞你，杜甫，无怨无悔，一腔热血为谁尽情泼洒？于丹说："仙是飘逸的，是接近于天的，就像李白，而圣是靠近大地的，是杜甫那样的人。"你自嘲为乾坤一儒生，可你却久久激励着"僵卧孤村不自哀，尚思为国戍轮台"的陆游，深深鼓舞着"人生自古谁无死，留取丹心照汗青"的文天祥。你无怨无悔，你的诗中饱含民生、民情，你面对动荡与战火，心情沉重地挥笔写下《三吏》《三别》。

赞你，杜甫，无私无畏，自己身世浮沉时却还写得下"安得广厦千万间，大庇天下寒士俱欢颜"的豪言壮语，你是何等大丈夫，立于天地间！

你的诗中涵盖着最深沉的思想，给我以深刻的启示：面对挫折，你是如何的慨当以慷；面对蝇头微利，蜗角虚名，你又是如何的淡定、洒脱；面对国破家亡，面对冷落萧条，你凭栏而眺，坚定不渝地选择了天下苍生。这一次伟大的抉择，让历史铭记你，你的姓名成了中华民族永恒的骄傲，深深地烙在历史的印迹中和人们的心灵深处。

淡定看人生，你看到了人生的真谛，悉心品读，你读到了命运多舛，你无限延伸着生命的广度。慢慢地，我听到了一声从亘古传来的笑声，那笑声，深邃而绵长，萦绕耳际，让我久久难以忘怀……

与你坐在月色下，无酒亦无茶，你的精神思想，让我饱食精神食粮，体味月色中的深沉，在你的身上，我看到了你精神的田园，平静而又繁华。沉醉于你的文章，让我体味到了文字的隽永优雅与伟大，字字珠玑，是一种超脱俗尘的大美，那美，美得灵性，恒久！

　　我想，历史人物之所以伟大，其原因就在于他们充实了历史，丰富了历史，更难得的是他们创造了民族的精神家园，杜甫便是如此，可歌可泣。

　　杜甫如土地，让我感到踏实，每当我心烦气躁时，品读杜甫能让我平静而欢娱，坦然地走下去。

　　每当雨水飘零，你总是给我以思考；每当寒风来袭，你总是给我以希望。杜甫，你是我心中的太阳，让我们的友谊穿越时空的界限，地久天长！我和杜甫有个约定，约定在月色下斟酌文字，约定在春光下，尽享祖国的壮丽美好，让贫穷远离，让压迫远离，让真理永驻，让自由永恒！

　　评语

　　试将思想与圣人寻觅契合，足见作者文学功力不凡，文章结构严谨，前后呼应，语言隽永，句式独特，真是佳作。

——苟维宏

我与细菌有个约定

2005级9年级3班　李悦岩

　　林静由于昨晚写作业到十二点，在数学课上思考老师提出的问题时不知不觉地睡着了。"林静，把我刚才所讲的问题重复一遍！"同学的目光齐刷刷落在她的身上，在慌乱中林静不知说什么，这让她感到非常尴尬。

　　这时，耳边忽然有一个细细的声音对她说："你跟着我说，我听课了！"此时容不得她多想，只好随着那细细的声音轻声读了出来。"好，你坐下。"本来已经很生气的老师感到很奇怪，明明看见她在打瞌睡，怎么都知道答案？

　　回到家的林静，由于父母不在家，只好吃方便面。但想起今天的事，不由得没有了胃口。她自言自语地问："你是谁？"

　　"我叫蒙，是你的朋友，我是一个细菌。"林静几乎不相信自己的耳朵，她大声地又问了一遍，回答依旧。她惊喜地发现，真的有一个帮助自己的"人"哎，而且这并非虚幻。"谢谢你今天帮助了我！""没什么，很高兴你能相信我，你是第一个相信我的人。""你从哪里来，怎么会来到这里呢？"于是"蒙"给林静讲了她的传奇经历，那简直就是一部《绿野仙踪》的翻版小说。

就这样，他们成了无所不谈的亲密朋友。

一天，老师让林静收书费，回家一数，却发现少了50元。查来查去也弄不清是谁没交，林静非常急躁不安。这时候"蒙"对她说："别着急，明天我去你们同学那里帮你问问。""啊?"对于林静的质疑，"蒙"爽快告诉她："我们细菌家庭都可以相互交流的，每个人身上都有细菌呀，他们可以帮助我!"

第二天，"蒙"便离开了林静。中午放学一回到家里，林静就急切地小声问："你回来了吗?"但四周悄无声息，没有了"蒙"的任何信息。到了下午，林静非常着急了。"蒙，你在哪里呢?"林静呼喊着，她希望"蒙"能听到她的呼唤。"林静!"她听到一个细小的声音在叫她。林静非常高兴："你可回来了，吓死我了!""我不是蒙，我是另外一个细菌。""那蒙她在哪里呢?""她在跟我说话的时候，周明妈妈突然把周明的衣服泡在水里，我急忙躲开了，可是她却没能够跳出来，当周明妈妈往盆里加84消毒液的时候，她让我来陪你……"林静心中一片茫然，眼泪"唰"地像断线的珠子流了下来，"蒙"的朋友后面说的什么她也没有听进去。林静坐在沙发上一动不动，一个人在发呆："蒙"是因为我才死的，是我害了她。

过了几天，林静发现在一本书里夹着那50元钱，她感到匪夷所思，悔恨和悲伤的泪水肆意狂奔，不能自己。后来，她和"蒙"的朋友也成了好朋友，她叫"洁"。在一个星星格外明亮的夜晚，林静将叠好的很可爱的千纸鹤放在手心，灿烂一笑，在纸上写下一句话：我与细菌有个约定。

评 语

每个人都渴望真挚的友情，友情的获得需我们付出努力。爱护朋友，珍视友情是中学生永恒的话题。本文以童话的形式展示了小作者对友谊的理解。

——景庆媛

千年闪耀

2005级9年级6班　杨婧蓝

她，是中华民族千百年来，唯一的奇迹。

她，是个妩媚的女人。

她，是君临天下的帝王。

她为自己取名为"曌"，她说："当空朗月日，何尝无月，我便是那压过九龙的凤凰！"

她侍奉了父子两代天子，尽历世人唾骂。她为争取生机，亲手捏死自己的女儿。她任用酷吏，朝野人人自危。她放任男宠，耀武扬威。

武则天，这个传奇的女人，这样真实地存在过，她有着洗不清的污点。

她以自己的笑容，承认得坦坦荡荡。

一个女人统治下的王朝，百姓富足，积粮满仓。

一个女人统治下的王朝，诗歌昌荣，延及后唐。

一个女人统治下的王朝，科举成制，不记隋文。

她放眼天下，明唐的光辉瞬间膨胀；她登封嵩山，让天神高呼万岁；她妖媚轻笑，自古几个女人敢这样，叱翔九天！

当太平公主轻唤"母亲"之时，她的泪中是两个女儿的影像。

她亦是个再平凡不过的女人。在感业寺的许多夜晚，用竹笛轻奏那曲《长相守》。在夺嫡激斗时，她终是招来被自己放逐十年的儿子。

她深访民间，求得良相时，与那人敞开心扉，秉烛漫谈。傲气的少年深深叹服，随她驱使。

煌煌宫宴，她夺袍重披，成就文坛千古佳话。

大明宫的深夜，白发妇人一直批阅奏章，伏案睡着。空荡的大殿，又有谁知今夜几凉？

漫漫的岁月啊，请别让我再生华发，我想再支撑十年，给天下一个繁华。长长的河水啊，请再清澈些，让我洗尽这一身的铅华。

太子逼宫之时，重重帘幕下，谁也没有看清那黯然的泪滴晕染，妖媚不再而辛酸的脸庞。

哪怕焰熄之时，那卓绝的智慧依然绽放。选择正我皇后，重归李唐。

那千年的乾陵依旧完整，无人惊扰她的安息。那耸立的无字丰碑，有意无意，道尽了她的情怀——成败兴亡皆天意，功过后人任评说。然，她的存在，成了中华民族历史长河中的不朽传奇，传颂千年，闪耀如故。

抑或，梦回之时，她仍是那巧笑少女的模样。那，这三尺黄土地，可否葬你霸业雄心。

怀媚娘：

> 飞舞九天凰非凤，大唐朝歌天地魄。
> 世事无常总有恨，携芳归去掩重门。

评 语

小作者以大视野、长视角，用千余字勾勒出了武则天坎坷而又辉煌的一生，虽着墨不多，但成败得失尽现，凸现了小作者驾驭大背景、大人物、大事件的文字写作功底。没有足够的阅读积累和写作功底，在紧张有限的考场内是写不出如此佳作的。

——马佩霞

跟自己赛跑

2005级9年级6班　邱　玥

人生是一个漫长的过程，而我们每个人都是在跟自己的赛跑中夺取一个又一个成功。其实，跟自己赛跑的最终目的，就是超越自己！

高山超越了陆地的平庸，才有了雄奇的景观；瀑布超越了流水的平淡，才有了山崖上的呐喊。超越了自我，小草才有了惊人的顽强；超越了自我，昙花才会有瞬间的灿烂。超越自我是心智的升华，是强者所具备的精神动力。

超越自我是勇敢地否定过去，努力创造一个新的自我。贝多芬超越了自我晦暗、消沉的心境，才走出轻生的沼泽，扼住命运的咽喉；瓦格纳超越了以往戏剧艺术的禁锢，果断地改变创作手法，才会有今天人们对他崇高的评价……可见，跟自己赛跑，最终留下一个个荣誉的勋章，那是人类前进的脚步铿锵足音的见证！

超越自我是把自身价值融于社会进步的洪流中，在为社会创造价值的同时实现自身的价值。无数先烈，抛头颅，洒热血，终于在太阳升起的东方迎来了金色的黎明；无数活雷锋无私奉献，不计个人得失，终于使黄色浊流与西方喧嚣不再在中华大地上漫延……跟自己赛跑是超越自我的途径，超越自我是通向理想之岸的桥梁！

超越自我，跟自己赛跑必须先认清自己。盲目悲观，妄自菲薄，貌似没有自己，这样不仅超越不了自己，而且还会毁灭自己。把"我"置于一切之上，持"天没有我的灵明，谁去仰它高！地没有我的灵明，谁去俯它深"的谬论的人，是无论如何也不能超越自我的。只有正确估价自己，一切从实际出发，把个人的得失与集体和国家联系起来，才能拥有超载自我的机会。

在人生的漫漫长路上，让我们一起努力，跟自己赛跑并超越自己，让人类在不断超越自己中走向辉煌！

评 语

习作层次分明，立意深刻。开头讲出了超越自我的理由，又从三个方面论证了如何超越自我。文中旁证博引，说理透彻，信手拈来，自然贴切，显示了小作者深厚的积累，排比等修辞手法的使用更使文章才情飘逸，文采飞扬。

——马佩霞

星 河

2006级8年级5班　马　睿

"星，起床了，今天你的新妈妈来了，快点穿好衣服，来客厅！"门外传来了爸爸紧促的敲门声。

妈妈，这词语像针一样刺痛了星的心灵，这个词多么熟悉，却又那么的陌生！木讷的星眼里闪过一丝淡淡的忧伤，但很快就消失了，就像水滴落进大海一样，那般转瞬却逝，他缓缓地站起来，穿上衣服，走进了客厅。

"星，这就是你的新妈妈。这是她带给你的巧克力，星，乖，快叫妈妈。"爸爸的语气那般温柔，而星却是一动不动，眼神空洞，仿佛没有灵魂的傀儡，"星，快叫呀！"爸爸有些不耐烦了，语气里深含愠意，星还是一动不动。"你这孩子怎么这样，这样不听话，见了妈妈也不叫，臭小子，看我不收拾你！"爸爸生气了，扬起了巴掌，朝星木讷的小脸上扇了过去，但是新妈妈却拦了下来，说道："星还小，不懂事，不要怪他，不就是一句妈妈吗？不要紧的。"新妈妈的声音非常温柔，就像午后的阳光一般温暖。而无表情的星看了一眼这声音的主人，转过身走进了自己的房间，轻轻地将门掩上了。

时间一天天地过去，尽管爸爸绞尽脑汁地劝星叫声妈妈，可星总是以冷淡的态度相待，但他发现，每天晚上，新妈妈总是来房里看看他，为他盖好踢落的被子，星觉得心头一股温暖在涌动。那是什么？是心灵的坚冰在融化。

今天，天上还是一如既往地出现了满天星斗，其中有一条星河最耀眼灿烂，向大地投下美丽的斑驳星光。星在阳台，目不转睛地盯着那条星河，也和往常一样，进入了回忆的幻境。

星一生下来就失去了母亲，被人叫作"有人生没人教的野孩子"。受尽凌侮的星，渐渐地变得木讷、冷漠，不愿与其他的孩子来往、玩耍，但他喜欢与外婆坐在一起凝望星河，因为外婆告诉他：每个星星都是一位精灵，他们在天河里守望，祝福地上的亲人，而星的妈妈在星刚生下来的时候就从天空的东端，走向了西端，化成了一颗星，守护着星。星认为妈妈有一天一定会走下天河，来看望星，于是星便每天盯着夜空，向星星祈祷，希望妈妈回到星的身边，可是就在去年夏天，最疼爱星的外婆也走向了星河，成了星星，而星却认为，外婆是去天上接妈妈了，不久，就一起回来看星了。于是星便每夜向天空祈祷，希望明天妈妈和外婆就来到他的床边，可是等了这么久，却从没有见过她们回来。

顿时，星满眼辛酸的泪水，只觉得心里一颤，一颗晶莹的泪珠从脸颊滑过，泪水在星光的照耀下显得分外晶亮，星月的光芒洒在他的脸上，更显得分外忧郁，含着泪花的眼睛泪光闪动，使人不禁想起了对月流珠的美丽鲛人。

在星泪水滑落的一刻，也有另一颗泪水滴落，那是新妈妈的泪，她再也抑制不住心中的情绪抱住了星。星也抱住了新妈妈，这时星内心的坚冰彻底碎裂，因为他感到一股滚烫的液体在脸上流动——那是新妈妈的泪，在冰解的瞬间，星大声地喊出了一声："妈妈！"

从此星不再木讷，而变得开朗活泼，星那开心的笑脸，甚至比太阳还灿烂，因为他被温暖照亮！

在缤纷的生活中，温暖来自各个方面，有眷眷亲情，殷殷师恩，醇醇友爱……它们让我们的道路坎坷变坦途，郁闷变快乐，单调变精彩，蓬勃向上，纵情演绎成长的浪漫，这是人生最大的动力和心灵的慰藉。因此，在我们被温暖照亮的同时，我们也要照亮别人，学会爱人与被爱，即使是心如冰山的人，只要你乐意去温暖，敢于去温暖，将心比心，一定会融化万年不化的冰雪。温暖，照亮他人，为他人开亮一盏灯，为自己赢得一丝温暖。

世上没有不化的冰，没有燃不起的火，展开双臂，去温暖别人，照亮别人，正如那点点星河！

📖 评语

本文以描述"爱的回归"为着笔点，先运用描写铺叙星与新妈妈之间的隔阂，继而详写"坚冰融化"的过程，顺畅自然。文章着力渲染了人间真情

——爱的伟大，昭示了爱可以超越时空、血缘的限制，有较强的寓意。

——范军鸿

丝丝温暖份份情

2006级8年级6班 赵 越

看啊！万物被温暖照亮，显得如此生机勃勃，尽情展示大自然鬼斧神工般的绚丽。正如春天的依依翠柳，向人们展示它们妩媚的身姿；正如夏季的郁郁繁华，用灿烂的笑脸迎接新的每一天；正如秋时的累累硕果，闪烁着胜利的喜悦；正如冬天的皑皑白雪，为大地抹上一丝安静……它们都被温暖照亮，也同样用自己的温暖来照亮别人。我们在青春旅途中，也同样沐浴在爱的温暖下，让我们尽情演绎成长的浪漫！

一、眷眷亲情

家庭是我们成长的摇篮，我们在这里收获了人生第一次的成功与喜悦，也在这里感受了生命中第一次的挫折与辛酸，更在这温馨的大本营中，健康成长。而这正是血浓于水的亲情营造的。

正如我的父母，他们给我的爱，虽然不那么惊天动地，不那么震撼人心，但却如涓涓细流，滋润我干涸的心灵；如束束阳光，照亮我前进的道路；如缕缕白云，给我飞翔的希望！

瞧！那些微不足道的种种举动，却包含着他们的良苦用心。正如在我熬夜学习时，母亲及时地送上一杯清茶，以缓解我满身的疲惫；在早晨宝贵的时间里，父亲为了让我多睡几分钟，竟不辞辛苦地送我上学；每当我考试前紧张得睡不着觉时，母亲总是轻轻地安慰我，鼓励我，用那细腻的声音给我安全感；每当我在学习上遇到新的问题，父亲总是不惜一切代价给我帮助……还有许多许多，这些温暖，浸透在我的生命里，让我人生的道路坎坷变坦途。

眷眷亲情，依依如故！

二、殷殷师恩

老师在我们的生活中不可或缺，他们如活土，给予我们成长的养分；他们如小船，把我们引到成功的彼岸；他们如粉笔，点点粉尘点点心；他们如慈母严父，用心牵着我们走；他们如园丁，辛勤培育祖国的花朵。如果用一句话来评价他们，那便是"春蚕到死丝方尽，蜡炬成灰泪始干"。

在班里，同学们总是欺负我，排斥我，每当语文老师在班上表扬我时，他们总是发出不屑的声音，弄得我很尴尬，也很苦恼。于是在我初始陷于苦恼时，老师向我伸出援助之手，她告诉我要用实力证明一切，不可管别人的闲言碎语，走自己的路，同时也给我提出中肯的意见，渐渐我又恢复了自信。在我们的共同努力下，我又渐渐感到同学们偏见少了。我深知，这一切与老师给我的循循善诱是分不开的，正如"良言一句三冬暖！"

殷殷师恩，温暖我心！

三、醇醇友爱

我们的生活一日不可无友。朋友如调味品，让我们的生活由单调变精彩；朋友如浓浓的咖啡，苦中有甜；朋友如春风，给我们带来畅快；朋友如良言，让我们不误入歧途，我们在友爱的光辉中快乐成长。

伤心时，朋友给我们一个可以敞开心扉的空间，给我们一个忠实的听众；快乐时，朋友与我们共同分享，让高兴的气味在空气中弥漫；失败时，朋友给我们最贴心的安慰；成功时，朋友与我们一同庆祝，而也许这一次小小的胜利瞬间变得如此不同寻常……因为有了朋友，我们的心情由郁闷变得快乐；因为有了朋友，我们的色彩由灰暗变得明亮；因为有了朋友，我们的生活由消极变得积极；因为有了朋友，我们的认识由肤浅变得深沉……朋友，这个最美的字眼，在我们的生活中遍地盛开。

醇醇友爱，照亮我路！

就这样，我们的生活被温暖照亮了，我们也应该给他人温暖，用自己的健康成长回报那眷眷亲情，用自己的优异成绩来报答殷殷师恩，用自己的关怀帮助温暖醇醇友爱，你会感到，世界也明亮起来了！

在行走时，给别人一个微笑；有人跌倒时，过去扶助一把；在说话时，注意一下别人的感受；有废纸房时，轻轻捡起……每个人的温暖都虽小却不可缺少，更如一盏盏灯，灯光聚集起来，给别人温暖，也给自己温暖！

被温暖照亮，

感受眷眷亲情；

被温暖照亮，

体验殷殷师恩；

被温暖照亮，

感受醇醇友爱。

不要忘记，

在被温暖照亮的同时，

也给予他人温暖，

让世界充满温暖！

评 语

本文写得感人细腻，真挚动人，运用小标题的手法分别写出友情、师恩与亲情"润物细无声"的爱，点明"被温暖照亮"的主题，语句流畅，词句优美，以点带面，写得不错！

——刘小茹

给自己一个微笑

2006级7年级5班　张梓郁

花园中有12朵花——这是事实。

花园中枯萎了6朵花——这也是事实。

花园中还有6朵花——我看到了你的微笑。

我曾经自卑地想过，我的出现，实在是一种悲哀。我没有超人的天赋，没有健康的身体。小时候，我只能眼巴巴地看着自己的好朋友吹拉弹唱样样精通，自己一个人走到一边，大家给他的喝彩声刺痛着我的心；小时候，又瘦又小的我和好朋友在一起，竟被别人多次以为我的身份是比她小三岁的妹妹，虽然在别人面前，我总是撑起微笑，可在背地里，我总是暗自伤心，感到自己真的好没用。

为了让我放松心情，妈妈让我跟着姨妈去柳林待一个暑假，我欣然同意，也许大自然能让我放松疲惫的心情。

经过蜿蜒的一条条小路，翻过几座大山的旅途，终于来到了我期盼已久的柳林。

柳林是个乡村，到处都是玉米地，高高的玉米秆子，青绿色、细条状的叶子向外扩展着，很有对称的美感。我自认为这里是个很美的地方：有山，有水，有树。清晨，青山在阳光的照耀下，越发青翠，小河水"哗哗"流淌，置身于此，多么愉快。河边有孩子在游泳，有孩子在捕蝉。捕蝉的孩子是一个比我大两岁的男孩，也是目前我和姨妈住的大院中的邻居。我好奇地上前去问："你捕的是蝉吗？"他点点头。"可是早上我听不见蝉叫，你怎么捕？"他笑了一下，说："正因为蝉没有叫，我才去捕它们，目的是为了让我更快乐。"

"快乐？"我好奇地睁大了眼睛。"对呀！每天我都会来捕蝉，而在它们不叫的情况下要找到它们是不可能的，可是当有蝉一叫，我就能马上找到它们，当时的快乐自然也是无以言表的。""真的吗？"我兴奋地问道。他点点头，神情坚定。"那我要和你一起捕蝉，寻找快乐。"他似乎有点惊讶："你难道不快乐吗？""快乐？"我抿抿嘴："不，我没有快乐。"

他皱皱眉头，将捕蝉的网子递给了我。说实话，捕蝉真的很累，脖子都仰得发酸，也没有见到蝉的踪影。吃过午饭，树上的蝉终于叫了起来，我和他立马跑去，抓住了那只家伙，胜利地呐喊。那一刻，我似乎有一种特别的感觉，那种久违而又陌生的感觉，也许这就是"传说"中的快乐吧。

神差鬼使，他成了我最喜欢的哥哥。

每天清晨，都有我和他到处捕蝉的身影，捉了放，放了捉。别人都以为我们是亲兄妹。到了最后，我干脆把同院的弟弟和院中的三只小狗带来，每天都去玩。那段时光，我永生难忘。

去柳林的事，我从未对任何人说起，那就是我改变孤僻性格的原因，那里让我明白了"关键时刻不失望，绝望就会变成希望"的道理。也就是说，对待每一天，都要有乐观的态度。

失败时，对自己微笑，告诉自己"今天是美好的，成功的开始"。委屈时，对红眼圈的自己微笑，告诉自己："面包会有的，牛奶会有的，一切都会有的。"

回忆起过去，我曾嘲笑某同学说自己："我开心，我快乐，我独一无二！"现在我才明白，自信也是对自己的一种微笑。

回忆起过去，我曾对安慰别人换来的一句"谢谢"不屑一顾，现在我才明白，珍惜也是对自己的一种微笑。

快乐的种子似乎已在我心中生根、抽芽、开花。那么你呢？我的朋友，你是否会对自己微笑？

花园里还有6朵花——我看见了你的微笑。

花园里的6朵花好美——我看到你笑靥如花。

花园里花好美——恭喜你得到了真正的微笑。

不必在意花的数目，只要我们看到了美丽，这才是快乐。

——卷尾语

评 语

通过美的语言为我们讲述了一个生动的故事，景美、情真，首尾呼应，层层递进让我们明白什么才是真、善、美。

——周丽

五、美丽人生

"人之初，性本善"。善良是人性中最温暖、最美丽、最让人感动的一缕。善良是和谐、美好之道，心中充满慈悲、善良，才能感动、温暖人间。做人一定要有志向，想成就一番事业，就要敢于干大事、揽难事，立个志向，树个目标，人生才有行走的方向。心在哪里，路就在哪里。有了志向，才有做人的本事、气魄和胆略。"自信人生二百年，会当击水三千里。"

做人从善良开始

2007级9年级1班　韦　博

做一个善良的人吧！

从今天起，你将是一个善良的人了。珍爱这世间的一花一木，守望着这天下的沉浮变化，观赏着每一次的日出日落，云卷云舒。

做一个善良的人吧！

或许你没有秋夜银星似的双眸，可当你的目光中饱含善意时，请相信，你是美丽的；也许你没有充满力量的体魄，可当你伸手扶起跌倒的朋友时，请相信，你是强壮的；或许你不曾拥有千钟粟，不曾风生水起，不曾名噪一时，但请相信，如果你善良着，你便拥有最伟大的平凡。

贼来偷禅师的家。可禅师太贫寒，贼空手而归时，与禅师相遇，"天冷，穿件衣。"禅师一边说，一边将自己上衣脱给贼，贼大惊，披了衣仓皇而逃，禅师光着身在月光下响啼"愿我送他一轮明月"。次日，禅师打开屋门的一刻笑了："我果真送他一轮明月。"阶上，是禅师的衣，叠得整整齐齐。

禅师用自己的善良成全了贼的善良，他用如水的月光洗净了这曾污浊不堪的灵魂，使他真正成为人，一个可以顶天立地的人，那游走在夜空的月，此时恰是一颗饱满丰润的善心啊！

明月朗照，江明永清。

我也曾迷茫，以为施舍便是善良，以为完美才是善良。于是，我便近乎苛刻地对待每一个人，我以为自己是对的，我希望调皮的孩子能安安静静，希望同龄的少年能温和美好，希望忙碌的长辈能和蔼宽容……可当我因为待人苛刻而伤害了太多爱着我的人时，我才从那些受伤的眼神中真真切切地明白，这不是善良。禅师告诉我，善良是一种心灵上的宽容，善良需要用心感化心，而非固执地改变他人。

于是，我学会了善良，于是我便学会了在这种善良中笨拙地长大，成为一个人，成为一个用自己的芬芳学着点亮别人的人。

调皮的孩子太任性，可我不也从任性中幸福地明白了温润吗？给每一棵草时间，它们一定会因为善良而开出自己的花。同龄少年每个人都有瑕疵，可瑕不掩瑜，何不换个角度欣赏他们的美好？忙碌的父母有时也会不辨是非，但我相信，他们是爱我的，人非圣贤，那么何不伸出手去温暖这世间最爱我的守护者？

做一个善良的人，从今天起。

"人之初，性本善。"人之初，在生命的起始点，就该是善良的，那这段生命就会是一枝莲，从根开始，就洁白香甜，也唯有这样才能在生命巅峰开出那样一株婀娜灿烂的花朵来。

做一个善良的人啊！宽容、安详、平静地欣赏世间的一切，乘物游心，天地乃宽。善良的人，无论美丽与否，智慧与否，健康与否，此刻都将成为世间无与伦比的风景，成为真正区别于万物的人。

从今天起，来做一个善良的人……

评　语

小作者用近乎诗歌的语言，一唱三叹地呼唤善良，呼唤人们都来做善良的人，行文大气而不失文雅，词汇量丰富，内容充实，层次清晰。

——石瑞

梦想的路途

2005级9年级6班 于 波

一条一条路的尽头，又是一个新的开始。而每一条路在行走的途中，都有一个充满活力的名字——追求。

水：汇聚的路途。

一滴水一滴水的汇聚，最终成为波涛汹涌的大海。这个汇聚的过程中，有种不懈的追求。

路途从第一滴水开始，没有语言，没有眼神示意，有的只是静静淌过后的印迹，那是水的脚步。这一段路终于结束，另一段路又开始步上征途，循环往复，终于汇聚成小溪，汇聚成河流，汇聚成大海。

故事发生在第一滴水的路途上。路很长……

我就是一滴水，因为滚落打在泥土中，我也变得浑浊，我的梦想是再见到海妈妈，因为我从那里出生，成长。曾经的我有大量的盐分，当我成了雨水，这是再一次梦想的起程。

我们聚集在晨光之下，经过不懈的努力，我们来到了一个水洼。我们的队伍变的又大了一点，可以算得上是小溪的一个分支。

又下了一场雨，滚落的雨珠儿从四面八方拥向我们，雨下得真大，现在的我们是一支小溪了。何况面前还有无数的兄弟姐妹，无数的溪水。

晒了很长时间的太阳后，许多姐妹化为气态又飞向天空。路途上脚步少了很多，但还有我们在，这条路，不会被放弃。

我们终于奔向了河床，从此，我们也是河水中的一员，有了我们的加入，河水也变得高涨了许多，河床也似乎被我们的气氛感染了。

这个夏天雨水分外多。我的兄弟姐妹们一波一波涌来，在我的身后和我一样追求着那一个永不破灭的梦想，在这条路途上，勇往直前。虽然，也有无数的水滴化作了气态的水蒸气，但我似乎能感觉到，它们就在我们的上方，和我们一样汹涌地奔向海洋。因为我始终相信，它们只是换了一条追求梦想的路途。

于是我的脚步更快，我们的脚步更快。我们奔跑着涌向那片看不到边的大海。

当我回到大海妈妈的怀中时，我离开她已经一年有余了。就在我们汇入大海的一刹那间，下雨了，我看到那些昔日的同伴纷纷化作雨滴，落在妈妈的怀抱里。

那一刻，我们看到了这条路的终点。我还想到一个成语：殊途同归。是啊，同样的梦想，虽然我们的路途不相同，但对梦想的追求却是相同的。

由水的追梦之路，我们或许不难看到一种奇妙的叫作追求的东西。或许就某一方面而言，实现梦想，需要追求来作为必不可少的媒介。

评语

这是一篇充满人生哲理的散文，文章通过一滴水不放弃追求大海的梦想，诠释了人生就是一个追求奋斗的过程的真理。

——宁利明

羽化的翅膀——坚强

2007级9年级4班　张静雅

我在寻找，伸手便可触到的远方，哪怕是最终的梦幻泡影，也绝不后悔。有一种力量铸造了属于我的蓝天，回首，原来它就在身边。

——题记

睡在松软的蒲草上，眼还未睁开，身边的兄弟姐妹已在等待妈妈的早餐了。坚硬中硕大的羽翼将风扇成一股强大的气流，向我们扑来。我挣扎着，想站起来，接受丰盛的食物。可是兄弟姐妹们的身体对于我来说像一堵坚硬的墙壁，使我重重地倒了下去。因为他们，我一整天闷闷不乐。

妈妈的翅膀如一条温暖的被子，把我们的身体遮住了。妈妈问我："孩子，你今天怎么了？白天不高兴，晚上也不好好睡觉。"我轻轻扭动着身体，想让自己感到舒服一些，并回答道："妈妈，你是不是不喜欢我呀？"妈妈看上去很疑惑，问着："为什么这样问呢？"今天我没有吃东西，妈妈眼里含满了泪水。

拂晓时分，我趴在巢的边上，看着遥远的东方。"什么时候才能触到那里的蓝天？"我想着，那略泛着白色的天空，渐渐地变成了灰色，伴着雨珠沉向地面。我看着巢外的树，突然有一种想爬上去的冲动，那里应该能看到更广阔的天地。我咬着一根树干，挣扎着爬向树的顶端。

我欣赏着这世界的美好，虽然这是下雨天，可景色依然很美丽。"咔嚓"一声，熄灭了我对世界的热情。我随着那断裂的树枝重重地摔向地面，我看到的，只是我的家渐渐地离我远去，那一声闷响，便是我生命的尽头，我以为。

再一睁开眼是一个晴天，确实是一个好天气。蓝色的天空罩着一片片土地，我的视线仅仅局限于眼前的天空。我声嘶力竭地叫喊着，回答我的只有无尽的沉默。我站起身来才发现，树枝划破了我的皮肤，疼痛且灼热。血，温热而腥甜……

我靠着河水和一些小虫子过活，我以为我永远要这么平凡下去了。可是，有人改变了我。

那天，我还没有睁开眼睛，便听到有物体靠近——是一种叫作人的生物。

"爸爸，这只猫真可爱呀，我们把它带回家，好吗？"

"孩子，这是鹰，鹰是属于蓝天的。"小女孩俯下身看着我，自言自语地说："可是你为什么会在这里呢？"

我想起了我的家，让我充满伤痛的地方。"你会飞吗？我想你不会吧。"

我的头低垂着，心里有一种酸痛在翻涌。"我想你可以的。"那个女孩留给我一个微笑，似阳光般照亮了我的心。

从那以后，我开始练习飞翔的姿势，为此，我遍体鳞伤。

与平时一样，我站在那块巨石上，向地面扑去，风拂过我的面庞，竟是如此的惬意，"咚"，果不其然，我又一次重重地摔向了地面。我不甘心，我想要看到更广阔的天地，我又一次起飞。风掠过耳边，我越飞越高。终于，我飞向了天空——我梦寐以求的地方。

我想，也许我没有翅膀也可以飞翔，因为有一种力量铸就了我的天空——坚强。

评 语

构思不同凡响，小作者采用童话叙述的视角，写出了自己渴求的东西——坚强。行文详略得当，语言摇曳多姿，很成功！

——石瑞

行走于江湖

2007级9年级5班　郭　晖

"流光容易把人抛，红了樱桃，绿了芭蕉。"我望尽秋日仓皇南渡的雁群，灰暗的苍穹映在瞳孔，一阵落寞。我是被时光所遗忘、抛弃的孩子，站在早已掩去艳丽夕阳的黑暗中轻叹："初三啊，别把我抛……"远方黑暗中，高楼被绚丽的霓虹隐约勾勒出的轮廓，像希望，美丽但不可触及……

入夜，四下一片寂静，我轻踱到窗前，缓缓推开窗户，冬日夜里的寒风袭涌而来，我不禁打了一个寒战，原来已浓的睡意此刻被驱散全无。昏暗的路灯洒下与冬相符的清冷银光，心中被这肃杀景象一激，不禁悲凉起来。为何挑灯苦读，放弃，会换来怎样的结果？当我瞥向院内一角在寒风中挺立的苍竹时，脑海中闪过柳永所吟的"衣带渐宽终不悔，为伊消得人憔悴"。我的意志坚强起来，愈是磨砺愈美丽，我甘愿在荆棘中，像荆棘鸟唱出清脆悦耳的歌声，打破清晨的雾霭，追求美丽的黎明，痛并快乐着。

江湖险恶，书海悠悠，我一身戎装，在这黄沙中驰骋，折戟扬刀，黄沙溅血，狂风呼啸，顿时天地飞沙石，混浊一片，我的眼被黄沙所迷乱，心凉成一片，我至骑下，疼痛难忍，泪不禁夺眶而出。我看到马上矫健的身影，看到他们的灿烂笑容，羡慕之情油然而生。手一紧，被乱石所伤，鲜血汩汩流出，我虽败，但志不倒，眼前仿佛出现我胜利的景象；残虹如血，我倔强而骄傲地在草原上自由驰骋……我期待，下一场斗争的到来。

而今，我会在菩提树下寻一方净土，静观其态，试卷轻飘，"桃瓣如剪，当飞绵作雪，笔杆轻舞，溅血点作读书翼"。这油墨之香字字凝结我的血泪，成败皆亦与我相伴，却少了份脆弱，多了份淡定……"我会努力，不会放弃。"我在心中默念。

以意志果腹，毅力为华服，刻苦为友，轻扇一摇，在这风云巨变，变化莫测的江湖潇洒……

评语

小作者用梦幻般洒脱的笔触，引经据典，通过对几个物象的描写，刻画出"自己"似狂又慎的形象，道出了"自己"坚忍不拔、奋发向上的心声。

——马佩霞

感 悟

2007级9年级6班　王懿佳

我知道，冬天的严寒过后是春天的温暖；我知道，暴风雨过后是美丽的彩虹；我知道，雄鹰拼搏过后是翱翔蓝天的自由；我知道，蝴蝶蜕变过后是无限的美丽；我知道，初三的辛苦过后是满满的收获与幸福。

——题记

春·懂

每当我看着窗外初春的阳光，多想站在空旷的操场半闭着眼睛沐浴阳光。可是看看手边的卷子、习题……还是做吧。于是一道一道，填满了我初春的时光，当我翻开写得满满的作业本，心中不由得充实了很多。于是我懂了，春天的阳光，要在外面才可以感受得到。

夏·知

听着熟悉的嬉闹声，我知道它早已不属于我了，早已在我升上初三的那一刻风干了。因为我需要用更多的精力和时间去学习，即使这一刻我十分渴望奔跑在任何一个有热度的地方，然后仰头喝掉手中的可乐，与同伴一起大笑。可是，我还有英语课文没背会，我还有语文的文言文没默写，我还有数学的方程没解完，我还有化学的习题没弄懂……所以，还是算了吧，就让学习和我一起奔跑吧，然而，当我背会了课文，默写了文言文，解完了方程，弄懂了习题，我笑了，我开心地笑了，因为我觉得这一点并不比奔跑和快乐逊色。于是，我知道了：快乐不一定是要奔跑才能得到。

秋·明

天气凉了，原野也被最后一抹金色染上华丽。看着镜子里的我，似乎也被秋天染上了"华丽的"金色。的确，自己的脸上毫无生机，好在眼睛依然有神，像夏夜的星星闪着亮。但也因为又长了许多的刘海的遮挡，整个人显得病恹恹的。是啊，每天晚上奋战到深夜，白天早早起床，能不成这样吗？然而当我听着使我忧伤的旋律，我释然了。于是，我明白了，有付出，就会有收获。

冬·晓

推开厚重的门，迎面吹来一股冷气，我不禁打了一个寒战，呼出大口大口的白雾，在瞬间即逝。戴着眼镜走进教室，眼前立刻变成一片白色，好模糊。坐下来，抄着令人头疼的历史笔记，手虽然冻得发僵，可依然要不停地写，不停地写，直写到手指无力，世界无光。然而，当我看到老师拿着我的历史试卷肯定的眼神后，我的心中绽开出一朵冬日里最美的花，沁人心脾，让我感到十分舒心。于是，我晓得了：最美的花是开在心上的。

一年就这样过去了。我知道，所以我坚持：初三的辛苦过后是无比的幸福与微笑。

——后记

评语

本文最成功的地方是通过一年四季的感悟，表达了自己的信念和决心。四个小标题整齐而醒目，语言含蓄凝练，善于以景衬情，很有特色。

——马佩霞

给自己点一盏灯

2008级8年级9班　曹雨萱

给自己点亮一盏灯，照亮他人，方便自己，同时，也明亮了彼此的心。

——题记

我和父母搬来现在的住处已近五年，虽说楼上楼下都是邻居，但仔细算算，认识的还真是不多。也许，现在的城市生活就是这样，大家你过你的，我过我的。而在刚搬进来不久，连楼道里那一盏盏灯，也相继不再为人们热心服务了。

至今我都清晰地记得，原来"早出晚归"的我是怎样摸着黑，一步一步试探着往下走的。有时，一不小心，还会摔个跟跄，让自己的后背直冒冷汗，在寒冷的冬天给自己更增添了一丝凉意。只有那个冬天，那一个礼拜的"光明"真的很让人难忘。

那个严冬，不知怎的，天气格外的冷。凛冽的寒风呼啸着，使每个人不得不把自己包得严严实实，走路、爬楼梯变得艰难了许多。而不知道哪一天，楼下的一家人办丧事，在门口点起了一盏灯，这使我们上下楼方便了很多。虽说是盏小得不起眼的灯，虽说那仅是一点微弱的灯光，但着实照亮了黑暗的楼道，温暖了深夜匆匆回家的脚步。丧事结束，楼道里恢复了以往的漆黑与寂静。

大家就这样，摸着黑每天上下楼。有人说要物业来修，也从未见有人管过。大家就这样，漆黑地走着，走着。

直到去年，楼上的王爷爷因早晨出去锻炼，下楼时看不清而从楼上翻滚下去，还好那一节不过两三级台阶，老人并无大碍，只是受了点惊吓。过了几天，他儿子来找我父亲，说是想联合大家集体出资为楼道里装上照明灯，想到一直以来，母亲眼睛不好，她下楼时我们也很担心，因此我们便欣然同意了。

两个月后，我们由全楼道各户人家平摊出钱而安装的新照明灯开始使用，楼道里真的明亮了许多。走进楼道，只要一跺脚，灯就会亮，而就在灯亮的一刻，心也被照亮了。

打那以后，我们和邻居们的关系非同寻常。我家有什么好东西了，给你家送点；他家有什么困难了，我们一起想办法。过节了，大家互相祝福，真的融洽极了。还真让我尝到了"远亲不如近邻"的滋味。

也许，在生活中，就是这样，也应该是这样，大家虽然不是亲人，但却比亲人还亲。

彼此点亮的那一盏盏灯，就好像一座无形的桥，拉近了我们家的距离，也拉近了我们心的距离。人与人之间也就是这样，只有彼此尊重，互帮互助，我们才会更加幸福。

给自己点亮一盏灯吧，这盏灯会让你感到生活的美好；给自己点亮一盏灯吧，它会带你走出黑暗的深渊，踏上光明前途；给自己点亮一盏灯吧，照亮他人，方便自己，同时，也照亮了彼此的心灵。

行动起来，为自己的心灵点亮一盏灯，相信我们的未来不是梦！我要带着希望、梦想，还有那盏灯带来的光亮出发，去寻找属于我自己的最美丽的太阳和最幸福的明天！

评 语

　　给自己点亮一盏灯，也是为他人点亮一盏温暖的灯。文章的情节是由"楼道里经常不亮的灯"再到后来由"王爷爷下楼梯摔倒"到最后"大家平摊钱安装一盏灯"，其实是在强调最后"大家邻里之间的和谐氛围"。生活处处充满和谐，才会更加美好。"行动起来，为自己的心灵点亮一盏灯。"这是小作者的呼吁，读来感人。文章真实自然，条理清晰，是篇不错的文章。

——马佩霞

六、我们的故事

> 故事，是美丽的校园里琅琅的书声，是老师踏着春意，把希望的种子播撒；故事，是人们内心流淌的激情，是生活的热情之母，把美好回味；故事，是勇敢勤奋的人开辟的道路，是汗水里浸泡的酸甜苦辣；故事，是爷爷奶奶慈祥的微笑里对往昔岁月的咀嚼；故事，是长大时留下的串串童真……

布衣的故事

2008级9年级6班　刘振轩

茫茫世间，你我不过皆是尘土。

——题记

看惯了史书上王侯将相们的宏伟史诗，听多了英雄豪杰们的丰功伟绩，赞透了忠臣名相们的古往今来，在世间奔走，我们似乎忽略了历史的一部分——那埋藏在千年暗影中的鲜为人知的部分——万千布衣。

缥缈的一生，起伏跌宕，现在的你、我、他，皆是布衣，是极普通的众生中的一粒尘埃，随着时光飞逝，数千个日夜之后，我们的人生可能如故，不曾改变。那么怀抱着宏伟志向的少年们——怎么会安于现状，放任自己的年华如流水淌过，一去不返！

是布衣，是万千布衣中的一个——何会卓尔不凡？

其一：漫漫行者

身为一位骄傲的炎黄子孙，我们都因一个人的伟大而心潮澎湃——孔夫子的豪言壮语，言行事迹造就了之后两千年深奥浑厚的中国文化。

孔子是布衣，且是布衣之士中最不甘愿成为布衣的人，他一生辛苦辗转，不断奔波，不是为了功名，而是为了他所建立学派的宏伟目标——家天下。于是，他奔波无悔，游历列国十余载，即使无人赏识他也毫无埋怨。即使最终只是一史官，我也要将我的目标，我的愿望，我的事业实现，我会奋斗！我会为了仁义而拼搏——就算献出我的生命——死而无憾！

孔夫子是个行者，为了自己所追逐的光与热，他一生都在追寻，寻找事物的真理，寻找一切的安定、和谐、善良，他做到了，千余年后的我们依然传承着他的主张，并为了人类最美好的社会在不断努力！夫子，安息！行者的路——我们必将延续。

其二：悠悠隐士

终究是要提到陶渊明的。

他的生活历来为我所神往，我们谁又何尝不希望能在嘈杂的生活中安静下来，像他一样过安逸平静的日子：找到一处幽深的世外桃源，以二青山为门，一清涧为廊，数篱菊花丛为厅；建一竹屋为居，其中一石桌，二竹椅，一竹篱床，一青石案矣，案上文房四宝俱全，铺着生宣供我挥毫泼墨以怡情。其后有竹林幽处为院，一片片淡青竹影中由我高歌直抒胸臆——岂不优哉？岂不快活？岂不令人神往！

可现在，我又不期望着陶潜的这种生活了，是啊，他说过，"不为五斗米折腰"，但若当时他的俸禄是五百斗呢？他依然不放弃自己所谓的名节吗？他的行为艺术是现实逼迫而成的，仕途上的不得志让他黯然，且心存畏惧，于是他放弃了读书达仕的理想，避开了现实去做隐士，但其实，他内心仍是希望着朝廷对他委以重任吧？他看到了现实的黑暗，自己也畏缩逃避，虽然成就了他的艺术，但那些仍生活在黑暗阴影下的百姓，不也依旧毫无改变吗？秋雨先生解得最好：部分上的成就造就了整体上的不道德。他升华了自己却并未救赎千万布衣百姓。

陶潜是个懦弱的人，他在受挫之后放弃，并逃避了现实，他的成就并无多少伟大。

其三：千古一帝

布衣之士，最在改革中，最豪迈的，当属明太祖朱元璋。

朱元璋幼年时，一度是牧童，是乞丐，是寺庙中撞钟的小和尚。然而统治者的黑暗、残暴，亲人因饥饿而相继离去，点燃了他心中复仇的烈焰，他更改了姓名，化作了诛灭元朝的利器（即璋），走上了反元的道路！

他二十三岁起兵，半生奋斗，招兵买马为与暴元决那最后一战而精心准备，鄱阳湖水战，一战定天下，火映江使陈友谅胆寒！亲身率军北定中原，将蒙古没落的铁蹄赶回草原！开国即位，荣登帝王之列，建立一个强大强盛的帝国——大明！毕生辛劳，日理万机，帝国的盛大富强在日益实现。生命最终，死而无憾！八十余年的日子里，他奋斗了，他成功了！他创造了前人没有做到的传奇！

吾本淮右布衣，天下与我何加焉！

这是来自他的豪言壮语，他的自傲与伟大：布衣——统治了天下！这是多么伟大的壮举！

布衣——成功了。

故事已经终结，布衣们的故事却仍在上演，我们的世界不就是由数千万的布衣们构成的吗？

我只想说：我们不必去为了成为伟大人物而去辛苦奋斗，在作为一个布衣的同时，我们也能够缔造一个地老天荒的奇迹，只要我们心中拥有着信念，不放弃，坚持下去，我们布衣也会成功，也会在布衣中卓尔不凡！

我乃布衣，万事万物与我何加焉！

评 语

　　小作者用充分的证据，阐述了伟大存于平凡的道理，抒发了自己的理想，凡是有信念、不放弃、贵坚持，就有成功的希望，正反例证，贴切生动。文章语言生动，行文行云流水，浑然天成。

——马佩霞

初三的故事

2008级9年级5班　郭　俨

初中的时间在紧张又忙碌的学习生活中悄然流逝。站在校园里那棵大树下，我不由得想着这是第几次看到这棵树的叶子飘落一地；站在不大却喧闹的操场上想起自己刚入学时卖力做操的样子；站在学校门口看到那几个大字想到自己曾经的梦寐、憧憬的想法。一生中，我还能有几个初中阶段呢？白驹过隙般的时间又怎么能为我停住脚步呢？我的初中，我的初三啊！

先发制人

上课铃声匆匆打响，乱哄哄的教室因老师的到来立即变得整齐、安静且有序。"今天我们要学的是碳的性质和'珠'球烯，也就是C_{60}的稳定结构！"老师以一句话就让我们进入书本的内容，可我们也有疑惑，"啥是'珠'球烯啊？"有人小声在下面问道，老师让我们翻开书先预习，"呃，原来是'足球烯'！"大家知道答案后笑出了声，但奇怪，老师既不生气也没有多说什么，有人说这也许是暴风雨来临前的片刻宁静。果然，临近下课，老师一改从前严肃的表情，温柔地说："这个课间，我们做个小测验吧，检查一下最近学习的情况！"这语气像是在征求同意，可一声"啊"字还没喊出口，反抗的欲望已被扼杀在萌芽中——老师已经在挑留下测验的人了！在这快节奏的生活中，化学老师却为我们上了一节活灵活现的"兵法课"，叫"先发制人"！

幽默课堂

物理老师在黑板上讲解前一天的作业，抓住了几个重要"典型"，说道："鉴于最近大家的作业都完成得十分认真，有极个别同学偷懒了，所以我要展示一下这些同学的作业究竟是怎么做的！"话音一落，下面同学们议论纷纷，老师也飞快地从黑板上画出了图来，"看，这幅图，我不认为这是滑轮组，因为这感觉像是吊死了什么！"大家哄堂大笑，或许是有人"趁混作乱"被老师发现，一颗小小的粉笔头直冲那人而去，说来也怪，在甲头上弹了一下后打在了乙身上。大家不得不佩服——真不愧是物理老师，打人也用上了弹力，这难道是传说中的"一箭双雕"。

离别，会感伤

本以为升入初三后，学校的一些新奇事与我们基本上可以说再见了，可刚开学，班主任身后便跟着一个年轻人，班主任说那是我们的实习班主任。实习老师个头不高，看起来也比我们大不了多少，所以同学们不多几天，就和他相处得十分融洽了，对他有尊敬，也有像是朋友般的情感，一下课，他的桌前便围满了人。三个月的时间很快便过去，听说他要走了，大家都跑去和他合影、送礼物，虽然脸上有开心的表情，可不说也知道，我们更多的是伤感。那个下午，他与我们告别，说了好多好多让我们一生都忘不了的话。尽管除了学习，我们与他在别的方面交流不多，可那一番话，却让所有人都潸然泪下。记得有次在公车上听人说初三的学生因为学习压力大，脑子都"木"了。可是，你相信吗？我们并没有，我们只是不想让别人认为我们心情的大起大落是不稳定的表现，我们还有快乐，还有伤感！

在我的梦里，常常会出现我的好朋友，我的老师，我的同学们。我会因这一切的一切开心抑或是悲伤，我会想起我在校园里坐过的长椅、洗过手的水龙头、偷买过零食的后花园……我也相信，在不久的将来，我的梦中除了这些，还会有我的初中和那个忙碌的年华下我的初三。

评语

"流光容易把人抛，红了樱桃，绿了芭蕉。"时光总是匆匆，瞬间三年的时光如过山车般飞逝而去，无数的回忆，有乐有苦，有喜有悲，一齐涌上心头时，酿作馨香的醇酒，回味无穷。小作者语言生动，妙笔生花，将初中的一幕幕在读者眼前展开，没有华丽的辞藻，但是融入了真情，让读者与你同喜同忧。文章有很强的感染力，而且语言流畅，叙述活泼风趣，是一篇佳作。

——石瑞

勇气和实践是成功的基石

2008级9年级9班　马　强

有这样一句俗语，"行百里者半九十"。日本作家芥川龙之介也说过一句大意与之相似的话："九十九步是一半，一步也是一半。"一般情况下，一个人要获得成功，就必须付出比别人更多的辛劳，但很多的时候，只要大胆地向前跨出一步，就能摘取成功的桂冠。

"向前跨一步"，既是一句平常语，又是成功的基石，它包含了勇气与实践两个重要因素。在面临人生或事业的难题时，敢于大胆地尝试，才会让"不可能"变成"可能"，如果心中有好的想法、意见，却始终不敢尝试，那么这样永远不会获得成功。伟大的物理学家牛顿，在前人亚里士多德等科学家实验的基础上，大胆地推断出了物理上著名的惯性定律，当他坐在苹果树下思考时，一个苹果掉下来砸中了牛顿的头，他随即想："为什么苹果不往上掉而往下掉呢？"于是他大胆地展开理论推断，并进行实验，最终发现了万有引力定律。牛顿是一位伟大的科学家，他的一生不可以说不成功，但他成功的秘诀是什么呢？有很多，但其中不可忽视的一点，就是敢于推论的勇气。

当然，单纯的勇气还不足以成功，还有重要的一点，那就是实践。诚然，在人文科学与自然科学当中，实践是获得知识、检验真理的关键所在；在实际生活中也需要不断地去实践，才能掌握各种技能。有了这些先决条件，才有可能在所从事的事业中取得突破。在儒家的经典著作中有这样一句话："格物而致知，物格而后知至。""格物"的意思是推究事物的原理，"致知"的意思是获得知识，大意是我们对事物进行实践观察，才能获得知识。儒家的君子八条目：格物、致知、诚意、正心、修身、齐家、治国、平天下，只要不断地通过实践获得知识，加以"修身养性"，才能实现儒家的最高理想：治国、平天下。如果把这句话放在当今的时代背景下，"治国""平天下"代指成功，而实践精神就是成功的基石。伟大的科学家居里夫人，把三千克沥青作为原材料，不断地尝试、实践，才提取出镭元素；伟大的思想家马克思，在走访了很多工人、农民的家庭，深入工农基层，参加各种无产阶级团体运动，了解他们的生活情况，才写成了一部对世界影响巨大的著作——《资本论》。由此可见，实践是获得成功的基石，人人都可能会有一闪念的想法，但有些人却将这想法付诸实践，进行尝试，由此获得了成功。因此，实践是成功因子中必不可少的要素。

勇气、实践是获得成功的前提，如同走山路一般，"向前跨一步"，或许就会找到一条通往山顶的路；担忧于迷路的危险而踌躇不前，那山顶上广阔美丽的景色永远也不会属于你，你也永远不会成功。

所以，向前跨一步吧，再向前跨一步吧，你就会成功。

评 语

坚毅的勇气，正确的实践，是走向成功的基石。小作者通过举事例、讲道理，深刻有力地论证了这一观点。文中事例突出，说理形象，给人鼓舞。再继续加油。

——马佩霞

咫尺·天涯

2008级9年级10班　高　远

　　不管是在过去的历史里，还是在现在的生活中，总有无数英雄好汉，在辛苦劳动追求的过程中，在黎明的曙光将要到来时，在咫尺的胜利面前，放弃了，于是，咫尺化为了天涯。

　　美国总统林肯，在发表了《解放黑人奴隶宣言》后说："如果前任的总统们知道，解放黑奴仅仅是笔尖一动那样简单的话，黑奴也就不会在今天出现，解放他们的人也就不是我了。"

　　一位外国著名的科学家，在一次实验中偶然发现了一种人们从未发现的新物质，但他并没有继续对其进行研究，而只是将其收集起来，贴上了"氯化碘"的检签。几年后，他在报纸上看到一则有关这种新物质的论文时，懊恼、悔恨的他将"氯化碘"的标签撕了下来，并贴在床头上，时刻警醒自己不要再与成功擦肩而过。此后，他认真研究，不懈探索，最终迈过了前人咫尺的天涯，取得了多项成果。

　　爱因斯坦在研究相对论时，几经曲折，有一次，在他宣告成功时，无意间发现了在那千张稿纸中，竟有一个方程式算错了。数年的努力、艰辛、欣喜……都一并付之东流。可是，在眼看咫尺的成功就要变成天涯时，他并没有放弃，他最终勇敢地尝试了一个连他自己都难以置信的猜想后，终于取得了圆满的胜利。

　　爱迪生发明电灯泡时，也是经历了4000多次的实验，跨过4000多次的失败，忍受了4000多次的嘲笑与愚弄后，勇敢地、坚韧地向前跨出了最后一步。此后，人们在黑夜中也有了光明。

　　同他们一样，有许多人勇于向前跨一步，到达了成功的彼岸，但却有更多的人，或是懒病发作，或是感觉迷雾重重，或是失去了自信，最终都被咫尺的鸿沟挡在了天涯之外，消亡在了黎明前的黑暗之中。

　　假设林肯当时没有勇气拿起笔，假如爱因斯坦没有勇气挑战自己的设想，假使爱迪生在看见钨丝时宣布放弃，那么黑奴将继续受到非人的待遇，人类的文明还是停留在蒸汽时代，夜间也只能看到一盏盏昏暗的油灯。

在当今社会，我们面临着更多的挑战，面临着更多"咫尺天涯"的挑战，也更需要"向前跨一步"的勇气。

同学们啊，在辛苦劳累到极点时，坚持一下，拿起笔来，再向前跨一步吧！

林肯做到了，爱因斯坦做到了，爱迪生做到了，牛顿做到了，伽利略做到了，达尔文做到了……他们都向前跨了一步，他们都迈过了咫尺的天涯，他们都见到了黎明的曙光。然而，他们都是肉体凡身，他们都是富有情感的人。他们不是圣贤，不是天生的天才，不是上帝指派来向人们诉说真理的天使。他们可以成功，我们同样可以实现梦想。

再向前跨一步吧，亲爱的同学。再向前跨一步吧，敬爱的老师。再向前跨一步吧，怀有梦想的每一个人。莫因一时气馁放弃追寻，莫以一张"氯化碘"结束了今生。

评语

文章寓意深刻，给人启迪，多少事，都会因为缺乏信心和勇气以失败告终。小作者用激扬的文字，睿智的论证，阐述了人要勇敢向前跨一步，只要坚持向前跨一步，成功就会在眼前。文中的排比与反复的使用，既深化了主题，又感染了读者。

——马佩霞

开在记忆的花朵

2009级8年级8班　刘　婷

如一缕踏雪晨曦，带着冷冽，脑中零星的记忆，如一纸尘嚣略汲，带着古朴，漫扫心中无极的思绪，那就是一朵妖艳丰娆的花，泼墨在粗糙的布纸上，一点点肆意蔓动……

开水还冒着热气，钟表还动着指针。窗外是一片灯火，却没有那人在阑珊处。屋内是一个人的世界。昏暗的光线，凌乱的房间，苍凉的身影。

凄美尖厉的女声从耳机中传响，轰然间，打开记忆的闸门，一切决堤涌来，忆起儿童天真烂漫的笑，想起那张瘦削的脸。

长满老茧的手大而温暖。当大手握满小手，痒痒的，小手便"咯咯"地笑了。那是充满幸福的"傻笑"。

如果可以，多么希望大手永远握住小手，小手永远"咯咯"地傻笑。

可惜，一切早已被时间风化，带走了往昔。

时间是个万恶的罪人，它亲手谋划了数场生离死别的伤痛，把太多的幸福埋藏在地下无人知晓的远古。

六年后，小手长大了，不再那么傻乎乎的。但，小手学会了思考。她会一个人躲在房间里哭，会把小小的喜悦偷偷藏在心里，也会用自己稚嫩的文字在带锁的日记本中悄悄描述这个世界的冷暖。她没有哭，反而笑了，无奈的、温暖的笑。

那双"大手"曾被"小手"称作爷爷。

不觉间，两颊落下两颗晶莹剔透的泪，哦，对不起，又哭了。我会答应你最后说的话，要永远坚强。

思念一个人的滋味，有甘蔗的甜，有眼泪的咸，也有柳橙的酸。缤纷的花季，我会用种种色彩思念你的双眸，你是我最爱的人，我会为你忍住眼泪，永远坚强。

风有风的飘零，云有云的飘逸。你是我最美的一景，你的双手胜过风的呢喃，云的挚守。

我们曾一起走过的路，或许是已被淹没，我们曾一起种过的小草，也许早已击溃，但我们曾一起留下的回忆，却永远不会被遗忘，因为它被我用双手捧起，冰存在南极点，永远鲜亮，永远铭载！当我大声喊向窗外，天边的鱼肚白已然泛起，我会微笑着踏上每天的路途，前方，有我们的回忆，那是一朵开在记忆深处的花朵。

评语

在记忆深处的花如你的文字一样充满着美丽的诗意。有了珍惜就有了记忆，有了记忆就有了如花的往昔，有了如花的往昔更会有美好的未来。

加油，小作者。

——马佩霞

梅溶冰疏，东风暗换年华

2009级8年级5班 牛雨陶

无尽的夜，我睁开黑色的眼，看到的却不仅仅是无尽的漆黑。

——题记

"子在川上曰：逝者如斯夫。"

逝者已不在，留下的只有我在黑夜里视野中的光斑。

只有你的影子还在那光影中徘徊，那宇宙深处燃起的烽火，穿越历史的红尘，又在那光影中重现，南归的烛影下燃烧着北伐的无期之梦。"看试手，补天裂"，你壮怀千古，"春已归来"，你们迸发欲裂。你屡进良言，却不知从何而来的"自古佳人多薄命，对古来，一片伤心月"。你屡遭贬谪，二十年赋闲的苦不堪言。你诉说"休说鲈鱼堪脍，尽西风，季鹰归未"的不甘，但你未曾忘记"金戈铁马，气吞万里如虎"的豪言！单人独骑，风华正茂的你勇擒叛徒张安国，你的确武比岳鹏举！激浪排空，你那燃烧的枪在词坛之上化开一片赤焰天，你的确文比苏轼！于是，你那"横绝六合，扫空万古"的文字似血滴入我的眼目，千年的沧海桑田，淹没不了那"廉颇老矣，尚能饭否"的生命呐喊！

岁月淡去了一切，视野中只有你那如风似火的影。

那徒倚在宇宙深处的人是你吗？那个享誉千古的北宋第一文豪——苏轼。欧阳公的慧眼使你登上人生的极峰，"乌台诗案"使你一落千丈。无尽的罪名压不垮你的脊梁，贬谪的沉痛击不倒你的意志。你曾有过迷惘，有过"多情却被无情扰"的忧伤，但你没有沉沦，赤壁的水上燃起万古不熄的烈火，"晓风残月"的水边月下，你平添了一把大火，纵起这永恒的浓烟。"忆海寄余生"的豁达，"新火试新茶，诗酒趁年华"的快意，把那杨柳岸边曾经的不悦冲淡，取而代之的是"一点头浩然气，千里快哉风"。

"寄蜉蝣于天地，渺沧海之一粟"的人生彻悟如潮水般涌入我的心扉。历史的潮流卷走了一切，视野中仅留下你豁然的神情。

天边的梦中绽放着一朵万古的青莲。"我辈岂是蓬蒿人"的信心奠基了一代"诗仙"的飘逸，你将屈原的墨凝于笔尖，将庄周的飘逸潇洒挥散得淋漓尽致！

夜里，我的视野吞没了一切，面对这无尽的宇宙，竟是"梅子疏淡，冰澌雪溶，东风暗换年华"。

行走在消逝中，看到的，听到的，全是另一个世界的呐喊。

📖 **评 语**

本文用流畅的笔墨为我们雕塑出历史人物的画像，人物形象栩栩如生。

——杨显礼

七、追忆流年，重拾美丽

> 童年的脚印一串又一串，串串是珍珠，拾起来便是阳光的灿烂；青春的脚步一串又一串，串串是财富，拾起来带我去远方……

追忆那天籁的声音

2010级9年级5班　马浩然

月隐星现，露重风轻。生活的纷杂，日常的琐碎不觉隐去。折一条可当琴弦的柳枝，掬一捧可吹号角的秋风，饮一壶可作清泉的绿茶，追忆那天籁的声音。

喜欢坐在窗前，听窗外有风徐徐吹来，吹来了思绪的缠绕，吹来了心情的冰释。看窗外树影婆娑，有蝶翩然飞过，"金风细雨，叶叶梧桐坠，绿酒初尝人易醉，一枕小窗浓睡"。秋感淡淡，如微风之指轻尘，晓荷之扇幽香。一缕金风，吹散了丝丝秋情。身披一袭灿烂，心系一份执着，在无边的旷野里遍尝野花的喧嚣，遍听秋风的诉说，追忆那天籁的声音。

喜欢走在大街上，感受绵绵细雨，落在屋上，屋顶的瓦片被刷得鲜亮，落在水里，打碎了灯的倒影，泛起层层涟漪，落在路面上，给路面换上了新的封皮。"莫听穿林打叶声，何妨吟啸且徐行。"途中遇雨，也只有这样开朗旷达的性格才能泰然接受吧。"却说池荷跳雨，散了真珠还聚，聚作水银窝，泻清波。"雨在荷叶上跳动，散了还聚，清脆的声音，真似打在心底，叮咚作响。

喜欢穿过树林，听婉转的鸟叫，叽叽喳喳，叫声中包含着鸟儿的快乐、忧伤，抑或是人所寄予的更深的情感。"几叶秋声和雁声，行人不要听。"给鸟儿蒙上了一层凄苦。"君知否？乱鸦啼后，归兴浓如酒。"透出了鸟儿的一丝苦闷，"春无踪迹谁知，除非问取黄鹂。百啭无人能解，因风飞过蔷薇"。则给鸟儿给予了一份灵魂，一份对春的喜欢和眷恋。才知道了自在的鸟儿也是多愁善感的精灵，她们清婉的叫声，是在表达自己的感情，追忆那天籁的声音。

喜欢漫步在草地上，看那美丽无比的花朵，听花开的声音。本来总以为花代表了一切的美好，直到听得"纷纷坠叶飘香砌，夜寂静，寒声碎"，才知道花也有这样黯然神伤的一丝情感啊！

午后的阳光予人温暖，坐下来，品一杯香茗，抬眼望历史的长河，去品味那淡淡的诱人花香，静下心，追忆那天籁的声音。

评语

本文写作上运用了很多古诗句，把自己的感受与古人的感受相吻合，增加了文章的诗意，同时，本文条理清晰，为文章添上了一丝意蕴。

——杜雅丽

似水流年

2010级9年级4班　柳思雨

"嘀嗒，嘀嗒，时针在不停地转动；嘀嗒，嘀嗒，寂寞的夜和谁说话；嘀嗒，嘀嗒，是不是还会记得它……"

——《嘀嗒》

坐在矮矮的窗户边，看着窗外淅淅沥沥的小雨，我不自觉地轻哼起这首歌，思绪远飘……

小时候

我的脑海中总有一幅模糊的画：小桥、流水、人家。这便是我记忆中的那个家乡，亲切、美丽，养育了我们。我还记得，每天早晨，都可以听到那亲切而又悠远的吆喝声："油条儿、豆浆儿"，每当这个时候，我都会走过去，要一碗那足量的豆浆，而卖豆浆的爷爷则会摸着我的头，笑眯眯地看着我说："小姑娘，又来了，爷爷今天送你一根油条。"坐在那矮矮的板凳上，喝一碗甜甜的豆浆，对于我来说，这便是最幸福不过的事了。中午，火球似的太阳在空中挂着，这时，则会听到铿锵而充满力量的吆喝："磨剪子嘞，戗菜刀。"我便会拿来已经"长满老茧"的剪刀，兴冲冲地跑去给那个磨刀人，然后听着他干活时的调子，觉得浑身充满了力气。而这最美的吆喝声，现在则很少听到了，这便成了我儿时的最美的记忆。

长大后

时间总是不等人的，我的脑海中却总还留着六年级毕业那年每个同学的笑脸。

在那天，我们告诉彼此，不要哭，要把自己最美的一面展示出来，果然，我们都做到了，毕业照上留着我们一张张洋溢着笑容的脸。

五年级的那年，报到那天，我见到了我们新的数学老师，他人很幽默，是我们大家的朋友。时间一点一点地推移，四年级，汶川地震，我们则显示了团结、互助、友爱，我们此时成了一个整体。时光再往前，记忆太多。

而现在

转眼间，两年的时光已经过去，而记得那天我感叹：初一的时候，觉得三年的时光太长太长；初三的时候，感叹三年的时光太短太短……而我们这个集体，也将因为一次考试，都将各奔东西。

记得初一运动会，因为400米跑步，让我见识到了什么是真正的友谊，那次，我也见到了真正的团结。同学们上课火热的讨论，听老师讲题时的认真，以及为了一道题而争论得面红耳赤……这些，都好像在昨天才发生一样，是我永远也挥之不去的记忆。

一天的时间太短太短，但一天所拥有的美好记忆却很多很多。我们在一起的六个月也将会很快过去。

儿时的记忆早已成了历史，它就像一幅幅美丽的画卷，让人重温儿时的回忆。而我则会把它永远珍藏在心底，那些美好的回忆。

思绪飘回，淅淅沥沥的小雨早已停止。我看向窗外，人们都将出门远游。

阳光，普照大地。

评 语

　　题目引人入胜，富有诗意，环境描写更渲染出回忆的气氛，文章开头与结尾的环境描写相互照应，使文章浑然一体。时间顺序运用自如，不刻意表达感情，对事件的描写生动真实，情真意切。

——师晓恒

故城遗梦

2010级9年级2班　安　晶

　　冰河融化成水，从高山上滑落；小城里长着绿苔的青石板，被许多双脚踏过，先是姑娘的绣花鞋，汉子们的草鞋不知是哪个女儿家，悄悄地、羞涩地塞给心上人的；然后脚步逐渐沉重，绣花鞋一逝而过，成了高挑时尚的皮靴，草鞋消散不见，从远方走来了几只黑色的、冷酷的皮鞋……

　　我愕然，我迷惘，我顿悟——本不该如此！

　　于是我从梦中惊醒。

　　我的童年是在老城中度过的。晨曦中围城的屏山，弯弯曲曲绕城流满的女儿河，城内老街上的青石板，以及记忆中外婆温情而浑浊的双眼，这些就是我童年的全部。

　　老城的大街小巷总是很长，城北到城南衍生出无数悠长或热闹的小巷。小巷两边的青瓦白墙大红门里，总装着一个小世界，或是孩子们的，抑或是老人们的。

　　比如外婆。

　　我依稀记得城头的那棵玉兰树，花季一到便满是白色、粉色的花，外婆的家就在那儿。花开了她从不摘，待到花期过了，地下落了一层轻轻薄薄的玉兰花瓣，外婆便用手帕把花儿包住，浸了水把尘土去掉再晾干。这些花瓣往往是我的小枕头的原材料。这样的带着清香的枕头，是外婆戴了老花镜，坐在夕阳浸没的院子里一针一线绣出来的。随着时光飞逝，枕面上绣的花从牡丹花变成牵牛花，再到几朵兰花，外婆的视力越来越不好，有时连线也穿不进去。后来外婆就请邻居家的玉秀姑姑给我绣枕面。一朵朵玉兰花，带给我无数个装满玉兰清香的梦。

外婆身体还好的时候，总带我上屏山。她在屏山的山后有一块地，地不大，种满了玉米，有时也有黄瓜与白菜。我在浓密的玉米秆里随着外婆的脚步穿梭着。当外婆摘菜时，我就跑出玉米地，遥望屏山以外层层叠叠连绵起伏的山峦，这种壮阔巍峨带来的美感，使我幼小的心灵微微感动着。我总想，要是永远、永远这样下去就好了。正午来临时，外婆就会牵着我的手，挎着装满玉米的篮子，走过羊肠小道，走出城头的家。

我的梦中还有女儿河。外婆带我去女儿河洗衣服时，女儿河的鹅卵石，总是装满我的小衣兜。河边有野花，一丛丛一簇簇地灿烂地盛开，一如我天真无邪的笑颜。我摘一朵簪在我头上，对着清澈如镜的河水照来照去，不期然间总撞上一双温情的双眼，映着温暖的夕阳，这眼光会永远伴随着我，就在我的心灵。

后来啊，一双双绣花鞋、草鞋走了出去，再回来已经变成一双双高跟鞋、皮鞋。于是老城旧貌换新颜，于是高楼林立，工厂建起，于是城头的玉兰树被砍掉了，外婆的家没了，外婆也老了。

再后来，我的童年就结束了。这老城给我的记忆，只变为一个梦，时时刻刻提醒着我，故乡在我心里。

评语

本文以新颖的视角，清新的文笔，带着几丝淡淡的忧伤，追忆了那些年自己所度过的美好时光，作者带领我们走入时光的隧道，倾听岁月的声音，感受生活的变迁，寻找仙灵的故园。感情真挚自然，不失为一篇佳作。

——颉东丽

超越自己

2010级9年级5班　张　悦

经过漫长而又艰难的过程，蚕破茧而出，获得重生，绽放自己异样的精彩！我也如同蚕一般，破茧成蝶，超越了自己。

——题记

生性害羞，胆小的我，自入学以来，从未积极主动地在课堂上回答过问题。直到那次……"我发现你在我提出问题时，总是逃避我的眼神？"袁老师这突然地提问，让我又是惊奇又是胆怯。瞬间，我便感觉我的脸被一团红云环绕，又想有个洞能容我钻进去避一避。"你又是这样？你在害怕？是怕回答错误，还是怕我？为什么要怕呢？""其实，每个人都是在不断历练中长胆子的，在不断的历练中，才会愈战愈勇，你为什么不能给自己一个展示的机会呢？你得克服你这个心理障碍。"袁老师一连串的问题让我真是一时间不知从何回答，心里除了迷茫还是迷茫。"我期待你的表现！去吧！"我尴尬地朝老师一笑，便灰溜溜地跑出办公室。回想起来，我还真是从未举过手，上课时会仔细听，但是只要老师一说"接下来，请同学回答问题"，我便把头埋低，只差一步就钻进桌框。我要证明自己的想法第一次涌现在脑海，我攥紧了双手，为自己的想法做出肯定。

　　第二天，当袁老师走进课堂时，我下意识地看着她，她也对我发出了信号，微点了头。终于，老师的声音响起："我请同学回答！"我的心里似乎有只小鹿乱撞，怦怦跳个不停，拿着笔的双手也在发了疯似的颤抖，心里突然间有股正能量促使我举起了右手，老师欣慰地对我一笑，便点了我的名字，我犹豫地站起了身，只是感觉全班同学都用炽热的目光注视着我，那种刻骨铭心的感觉是第一次出现，我看向老师，她用急切而又肯定的目光等待着我的答案。我双手坚定地一攥念出了我的答案，老师给予了我肯定地评价："非常正确，今天似乎是你第一次举手哦，以后要更加积极！"我难掩内心地激动，一下课便跑到老师面前："袁老师，我证明了，所以我不怕了。"她用手抚着我的头："你啊，也真是，你也该感谢自己吧！"我使劲地点点头，不顾形象地哈哈大笑，持续了好久……

　　这一次，我破茧成蝶，超越了自己，在之后的学习中，我多了一分自信了，也多了一分勇敢，在生活中，我也如同破茧而飞的蝴蝶一般绽放着迟到的美丽光环！

评 语

　　本文语言真挚，将小作者的心理变化描写得浪细腻，语言、神态描写恰到好处，在结尾用"茧化蝶"的启示呼应开头，使文章结构浑然一体。

——杜雅丽

青春交响

2011级8年级11班　马佳宁

斑驳灿烂的树荫下，我穿着我最喜爱的白色衬衫，静静地眺望着那幢粉色的楼，眼睛里，是闪动的好奇与澄澈的灵动。

某年的某个夏天，一个满怀欣喜的小女孩，在那宁静的湖泊花园边，沉默着，幻想着初中的校园生活。或许，那个小女孩并不知，时间宛若墙上绿油油的爬山虎，红了又绿，绿了又红，不知不觉中，悄悄溜到了高墙的另一边。

我们永远害怕那个戴着细框眼镜，一脸威严的英语老师，永远害怕他的每一堂英语课，害怕他的声音在走廊中回荡，害怕他盯着值日表的眼神，更害怕他念着几个"倒霉蛋"的名字潇洒地走过讲台。我们永远都这么怕他。

一般现在时、现在完成时，同位语、非谓语。粉笔快速地在黑板上镌刻着一个又一个英语字符，蓦然，背上不知何时流一层薄的汗珠。台下，有窃笑声，庆幸声，还有默默的提示声。偶尔，英语老师那冷冽的目光会刺穿我们的胸膛——在我们"不听话"的时候。

但，我们又何尝不羡慕那个凶巴巴的英语老师？羡慕他一口地道的伦敦音，羡慕他背诵起时态来那样流利，也更喜欢他说"学习是你自己的事"时，那酷酷的样子。

清脆的下课铃声，带走了严肃谨然的老师，也抚平了我们紧张的心情。窗外，回响着早操时的音乐。

值日生奋力地恳求组长留自己在教室。我们三三两两，暗自庆幸又平安地度过了一节英语课，闲聊着这个班的奇闻，那个班的趣事。我们在空旷的操场上，慵慵地站着队，懒散地弯腰、振臂，当望见班主任朝这边瞪大了眼睛时，倏地认真起来。

我喜欢在操毕回教室时的楼梯上拥着，挤着。一个人的脚尖碰撞着另一个人的脚跟，一片黑压压的人头。调皮的男孩子，在台阶上推着、搡着，在楼道拐角处打着、闹着。还有一帮娇气的女生，抓住了热乎乎的暖气管子就不再放开。我从黑压压的人群中挣脱，猛吸几口新鲜的空气。一节淡然的语文课，就在老师幽默的话语中，我埋头记笔记中，过去了。

我喜欢在悲伤落寞之时，听那个收藏的微微发抖的女生吟唱的歌，**静静**细听，她的歌里，满是憧憬与期待。

细雨连连的阴天，篮球场上覆着一层薄薄的雨水。那帮酷爱篮球的男孩们，被困在闪着日光灯的教师里，眼巴巴地望着那湿漉漉的球场发呆。我笑着调侃他们，无意中望见操场上一抹鲜艳的绿，在阴雨中，笑着玩闹。

那是还未军训的新生。原来，我们到初二了。

某年的某个夏天，小女孩还在憧憬着中学生活之时，却蓦然到了又一个年，又一个夏天。

一溜小跑而过去的欢乐的时间，美好的青春，如同一个个闪亮的音符，在这缤纷的校园中，演奏着这美好的交响曲。

评语

本文采用先抑后扬的手法，描绘校园青春交响曲。语言清新流畅，文笔老练，如山泉，如甘露，让人回味无穷。

——宁利明

忽略的，有的是最重要的

2011级8年级5班　张紫雯

飒飒的秋风是否灌入了你的两耳？柳暗花明是否映入了你的双眼？万物赖以生存的家园又是否和谐温馨？披着蓝色面纱的她创造了数以万计的秀美山川。春天小巧玲珑的脚步也曾在细柳飘丝的湖畔边踱来踱去；夕阳也曾播下万缕余晖映照了蓝天。走在林荫小道间，你是否倍感舒畅？惬意的思绪可曾飘浮在清新的城市上空？归雁打着鸣笛展翅在云端，朝阳的灿烂可曾早已挂满在你的心头？

大自然赋予我们的，不尽在世界，它的奥妙也被人类逐渐发现。当然，有谁不想生活在清幽宁静、田园牧歌式的生活中，希望的确徘徊在我们心中，可我们真的在去实现它吗？滴水也能汇成大海，或许，一个令你自在的动作已经在无声中破碎了我们的希望！

　　这或许并没有达到无事不成的程度，正因为它表面上，促使多少人亲手毁灭了未来的蓝图，然而却还不明白是为何。

　　清晨，鸟儿清脆的鸣叫打破了晓雾那沉闷的气氛，辛勤的蚂蚁也在大树下搬运着它们的"希望"。或许你刚刚从朦胧的梦境中走进清晨的怀抱，感叹自然的奇妙，同一时间内，你在呼吸清晨的空气。然而，就在那湖畔边，早点店的老板哼着小调，不经意就将酸汤辣菜倒入微微流淌的小溪中，转过身开始忙碌。或许一天的辛勤工作早已使他忘却了那渺小的行为，或许收获劳动果实的他根本不在意那无所谓的瞬间。

　　人们是健忘的，当几年后风景秀丽的湖畔因废水、污水而阻塞河道时，人们便连声埋怨那污浊不堪的小湖，可有谁还记得它曾经的容貌，那是多么令人赏心悦目，又有谁记得这是谁"创造"而成的？

　　一件细微的行动积聚很长时间后会变为一件烦琐不堪又令人苦恼的大事。有的人会说，在我有生之年不发生即可。可你又是否想过地球是大家的，不能过于自私，正是因为古人们的良好习惯才使人们驻足在当今完美的世界中。

　　夕阳自然没有朝阳明亮，但它略带凄婉深情的微笑也让我们心扉一动。火烧云的炫彩也为淡蓝的天空点缀出异常的美景；同样，肥沃的土地本身就蕴含着壮美的气势，它也需要柔丽清淡的绿树去锦上添花。

　　夏天，炎热挂满了每一粒尘埃，男女老少总是坐在大树下拿着大扇子扇凉。小孩子跑去玩了，老人总是很有经验地叫喊："快来，快来，大树底下凉快。"与此同时，山区里农民、工人、企业家正坐在土坡上指挥着"手下"伐木。农民为了建房，工人为了生计，企业家为了金钱都在理直气壮地砍伐树木。砍一根树不要紧，来年还会长出新的树木；砍一山林的树没关系，明年春天再种，这是他们的想法。的确，一片林子没有树了，还有成千上百万的林子，对巨大的地球来说毫无影响。

　　可是，你知道吗？一棵树要长六七米高，至少需要十年。十年虽很漫长，但也稍纵即逝。或许在这如流水般的十年里，沙尘暴、泥沙流恰如其分地向我们袭来。"要是有棵大树就好了，我就可以抱着它躲避危险了。"这就是曾经砍伐过一林子树的人们，但那时一切都晚了。的确，对地球毫无影响的一林子树就这样在大难临头时令人们觉醒。一方土地可以造福一方人们在平安中度过，而土地却是靠参天大树来稳固的，最典型的就是荒漠化，沙子弥漫在蓝天，遮住了阳光的灿烂。

　　当然，砍伐树木在大千世界中是很渺小的一件事，但它经过很多年后，却会带给我们毁灭性的灾难。这并不是天灾，而是人祸，是我们自己在心灵中萌发出的恶的种子，是我们自己一手"创造"的，而我们却仍不醒悟。

　　一片枫叶落地后会在不经意间肥化一片土地，一条路同样也会造福一方土地。一块电池"不经意"扔在田地，会使一方土地三年不长草，可想而知，"小"并不小，它的大阔于天空，广于沧海。

　　生活中有许许多多的"不经意"，但这"渺小"的不经意却悄无声息地腐化了优美的环境。

　　春天微风的可爱，夏天雷雨的暴躁，秋天红霞的婉约，冬天白雪的纯净，是自然给我们独特的馈赠，我们不应当以一种小恶习而毁灭生活的多彩。"不经意"的瞬间不应当留在我们心头，我们是否能以自己完美的瞬间来弥补曾经可笑又荒唐的行为所留下的恶果。

　　风雨潇潇，草木茁壮成长后留下的露珠依旧可以滋润下一代；雨后的炫彩还会出现在明天。让我们一起注重最微小的。

评　语

　　生活中不是缺少美，而是缺少发现；世界中不是没有精彩，而是缺少留心。小作者文笔细腻，情感流畅自然，语言富含诗意，启迪人们思考微小，留心微小，很不错！

——石瑞

将误解化为心中绚丽的彩虹

2011级8年级8班　刘　麒

　　一片枫叶，珍藏着一个故事。

　　那是一个不知名的珍藏阳光的午后，百无聊赖的我随手翻着一本不知名的杂志。

　　不经意间，树上飘下一片金黄色的枫叶，掉在了木板上，发出温柔的撞击声，我弯腰拾起，枫叶已经枯黄了，忽然，我恍然大悟，这金黄的枫叶，牵出我的一个尘封已久的回忆。

——引子

（一）人有悲欢离合，月有阴晴圆缺，此事古难全

当深秋快要步入初冬的时候，我和朋友漫步在充满金色的街头。朋友走得很慢，话也少得可怜，他只是拿脚去踩那无助而脆弱的枫叶，听着一声声残忍的脆响，我的心中也很不是滋味。

突然，朋友停在了一棵枫树前。

树很矮小，几乎可以算得上弱不禁风，我不知道这枫树到底有什么吸引我们的地方，可目光就在这时停驻了。那棵树满是碧绿的树叶，在这一抹黄色中十分耀眼，朋友摘下它，递给我，我勉强挤出一个笑容，说了声谢谢。而他告诉我的话，却让我在这并不寒冷的季节，感到冰冷刺骨，不，不只包括骨头，还有我的心脏。

朋友告诉我，他要去一个很远的地方，具体是哪里，我也忘却了，只是记得去那里要翻过两座山，渡过一条河。

或许，那种遥远超出了我的想象。

我深知我没有能力去阻止，于是我什么也没有说，转身离去。

脸颊唯有泪千行。

（二）问君能有几多愁，恰似一江春水向东流

仿佛一切都有预兆。

自那天后，天天都是阴雨，我沉浸在苦痛与阴郁中，无法自拔。这种心情更使我对他的无情痛恨欲绝。

因此，我没有向要去远方的他告别。

我也曾想过，是不是我误解了他？他可能不是有意要离开我的。

但是，这种情感随即被我的愤怒所摧毁。

那片枫叶也被我随手夹在一本杂志里，保存它，但这并不是因为那是朋友相赠的，而是因为它有经历过与深秋斗杀的顽强毅力与孤傲。

就这样，我在失望、落寞、愤怒与伤感的情结中，度过了那个秋冬。

那个金色都掩埋不住肃杀的秋冬。

（三）春风又绿江南岸，明月何时照君还

如果冬天来了，春天还会远吗？

我在跌撞中走入了新我，心情也渐渐好转，重新开始。天空的太阳更加温暖了。

一个晴空午后，我收到了朋友的短信，还是熟悉的口吻，我不由自主地和他聊了起来。

有人说过，时间是最好的解药，它能化解一切的痛苦和悲伤。

我早已服用。

不知不觉中，我们谈到了枫叶，他问我见到了吗？我大惊，随即在书柜中寻觅，但它却如我的痛苦回忆一般，再也不见。

朋友释然，说："既然原谅了对方，又何必再去苦寻？"我认同。他告诉我，他会在立秋回来。

我说："到时我去接你。"

（四）山重水复疑无路，柳暗花明又一村

如今的我拿着枫叶，看见了朋友刻的字，已经有些残缺了，但是依旧可以认出那句泰戈尔的名言："朋友不要为了失去星星而哭泣，你有可能也会因此失去月亮。"

写到这里，可以说说他离开的原因了，他的父母被单位调走，他百般阻挠，却没有成效，最后只好忍痛离开。

我为误解朋友而感到前所未有的愧疚。

不过，当我和朋友见面时，我会亲口告诉他我误解了他，向他认错，并感谢他，因为从看到那句话起，我意识到，我不仅收获了月亮，还有一道绚丽的彩虹。

评语

开篇新颖，由一片枫叶引出下文的故事，吸引读者；由朋友在枫叶上刻下的话，引出结尾"绚丽的彩虹"，照应文题。文章形散而神聚，由"我"误解朋友到宽恕理解，其间的心理变化描写细致入微。望再加油。

——马佩霞

八、给自己一缕阳光

也曾彷徨失落，也曾仰望星光。

当你享受忧郁时，是否想过窥探别人的坚强；当你被自己亲手束缚在原地踱步时，是否也试图给予自己一片空隙透射阳光，告诉自己，受挫时要抬起头。

给自己一缕阳光

2011级9年级10班　国昕怡

夜里的小雨，是如此的细密，街上的灯红酒绿在小雨这面静谧的镜子里，慢慢地折射，浅浅地发光。清晨，郊外的花圃里散发着淡淡的幽香，每朵花都如被雨亲吻了一般娇羞地耷拉着脑袋，每朵花都默默隐藏着一个灵魂，雨雾缭绕，旋转，升起……

"楼头残梦五更钟，花底离愁三月雨。"

面对春残花落，古人只是一味地怀古伤今，殊不知，春残花落并不是终点，而是拉开的新的序幕……给自己一点阳光，终点成为起点，起点成为信念，信念铸就成功。给自己一点阳光，你将会拥有一个璀璨人生！

阿姆斯特朗的脚印永远定格在月球上。小时候，他曾经对自己的妈妈说："妈妈，长大我要登上月球。"妈妈告诉他这是不可能的，他却仍然坚持着这一梦想。这个梦想是他的阳光，他执着地努力，保持着这个最初的梦想。最后，他给自己的一缕阳光最终让他成为"登上月球的第一人"。事实证明，即使一缕阳光，也能照亮整个人生！

"温柔要有，但绝不是妥协，我们要在安静中，不慌不忙地坚强。"这是一代才女林徽因的人生写照。上天赋予了她美丽的外表，她谱写了富有诗意的传奇人生，即使在五十几岁躺在病床上，她仍然是那杯清香满溢的茶。她给了自己一缕阳光，纵然在病床上，她也与病魔顽强地斗争，因为有了这缕阳光，她成了"中国一代才女"，成为国徽的设计者；挑灯读书，用自己的阳光去温暖周遭的一切，她成为中国第一位女性建筑学家，成为传统景泰蓝工艺的拯救者……因为有了这缕阳光，她创造了一个又一个传奇。

古往今来，这种例子数不胜数。

困难的理化习题，天天与我的脑细胞纠缠，这群无情的杀手们把我的脑细胞杀死了一堆又一堆。即使这样，我们也要给自己一点阳光，哪怕攻克的只是一小道难题，仍然是不可否认的成功，即便这样的成功没有到达金字塔的顶端，但至少这缕阳光是我们筑成成功金塔的基石。我并不赞成"与成功的塔尖为伴就是与孤独为伴"，因为当你怀揣着缕缕阳光到达塔尖的那一刻，缕缕阳光会汇成一个太阳，照亮整个世界！

人是如此，自然亦是如此。

黑色的蝶在朱槿花丛中穿梭，煞是好看。朱槿花把自己的蜜送给凤蝶，让凤蝶快乐地传播。凤蝶慷慨地接受了这一切，并快乐地传播花粉，来报答朱槿花的蜜，给予朱槿花快乐。正因为有了两者互相传递的快乐与阳光，才创造了整个春天！

如果没有凤蝶的来访，朱槿花就不会欢心地开放，这便会减损自己的美丽；如果朱槿花不开，凤蝶也不会欢心地飞舞，这便会失去自己的风采，那春天的美丽又在哪里？

因此，不论是别人给予我们的阳光，还是自己给予自己的阳光，都是我们成功之树不可或缺的养料。给自己一缕阳光，金字塔会大放光彩；给自己一缕阳光，凤蝶与朱槿花会创造繁花似锦的春天；给自己一缕阳光，成功之树会长成栋梁之材……

虽然人生之路不是一片坦途，时常也会荆棘密布，但时刻给自己一缕阳光，就一定会让我们的人生之路光芒四射！

评语

本文通过对几个名人事迹以及自然界现象的论述，从自己给自己阳光到别人给自己阳光侃侃而谈，条理清晰，论点准确，论据充分，洋溢着积极向上之感，给人以鼓舞！

——马佩霞

给自己一缕阳光

2011级9年级8班　赵子瑞

它是一座贯穿古今的桥梁，是一种充实心灵的幸福，更是一缕暖如春天的阳光，浸透人心，带来沉淀着历史底蕴的知识。

——题记

古今中外，诗歌想必是最精妙、最令人难以忘怀的感慨方式了吧，它积淀着诗人们的思想，撩拨着世人心头最敏感的神经，承载着历史发展的信息……常常给人闲适时的享受，悲痛时的慰藉，欢乐时的分享，能体会它的不独独是我，也是每一个与文字相伴的"观赏者"。从小到大，在父母的影响下，从儿歌读到童谣，从现代诗作读到唐诗宋词。随着年龄的逐渐增长，诗带给我的不仅仅是一时的欢悦或悲伤，更多的则是心灵上的充实。

曾以为"伤情处，高楼望断，灯火已黄昏"已尽落寞寂寥，现在才知与郑愁予"我达达的马蹄是美丽的错误，我不是归人，是个过客"描绘的失落愁绪何等相似，或许只有诗中才能看到文化和情感超越时间和空间的相融。在诗的情感相融中，我看到一座贯穿古今的桥梁，承载着民族文化的精髓，为我学习诗歌开辟了通途。

余光中这样写李白："酒入豪肠，七分酿成月光，剩下的三分啸成剑气，绣口一吐就是半个盛唐。"在诗的世界里，他们是英雄，然而这不仅是一种古今的沟通，更是英雄惜英雄的共鸣。同样是背井离乡，一位是豪情万丈、浪漫云游的太白，一位是遥望回归、满肚乡愁的余光中。在"举头望明月，低头思故乡"中相识，饮尽愁殇。在他们的诗作中，我读懂了思念，学会了抒发情感，原来了解诗作不仅是理解其中的韵味，更是理解诗人在月光下的惆怅。

到了初三，我接触到了艾青的诗，读完《我爱这土地》，虽然没有亲身经历过那个血雨腥风的年代，但诗人那"为什么我的眼里常含泪水，因为我对这土地爱得深沉"的声声呐喊，紧紧扣住我的心弦。让我同诗人一起目睹山河破碎的凄惨现实。我也同艾青一样热爱这土地，爱她壮美的山河，隽秀的湖水。我所读到的红色诗作中，处处渗透着的，是代代中华儿女共同的情感，更是此刻跌宕在我心中的一份真挚——爱国。爱国不仅是用心去为国家而自豪，更是尽自己的能力用行动使她不再在风雨中摇曳。艾青如此，每一位读到此处的读者亦是如此。

无尽阴霾的生活里，我所读到的每一首诗都是一缕穿透雾霾的阳光，这一缕阳光，渲染着我的生命，用心灵的震撼告诉我什么是真正的情与理，教会我面对内心最真实的想法。

这一缕阳光——诗歌，我感谢你带给我的无形的力量。

我坚信，给了自己这缕阳光，我终会收获一个春天。

评语

用灵动的语句表现了自己对诗歌的独到见解，举例告诉我们种种诗歌中表达的不同情感，段落层次构造清晰，使读者能产生文字的共鸣。希望作者能收获自己的阳光春天。

——马佩霞

给自己一缕阳光

2011级9年级10班　张晓雨

别那么沮丧，给自己的心灵一缕阳光，好吗？

干燥，炎热，死寂。

眼前的画面是永久不变的风景。我生活在这里，我是一粒沙石，不远处便是一片死得面目狰狞的胡杨树，它们扭曲的手指着很远很远的地方。听说，胡杨树可以千年不死，死了一千年不倒，倒了一千年不朽，可是风还是吹来了它们的残渣，仿佛在嘲笑："三千年早就过去啦！"于是我不再相信"生命永恒"这种荒诞的神话。我厌恶生在这里，活在这里，连死——也在这里。

蓝天在我头上骄傲地高悬，白云轻盈地舞动着洁白的衣袖，我想，他们应该算永生了吧？而我却只能原地打转，仰天长叹，甚至不知道大去之日究竟在何时，为什么同样生在世间，我的生命是如此的丑陋、卑小？我掩面叹息，忽然天旋地转，我被卷入一个巨大的漩涡之中，这一定是沙漠风暴了。罢了，罢了，我也不恐惧，死吧！死吧！再也不用慨叹命运的不公，对着蓝天白云发呆了……

不知过了多久，我渐渐恢复了知觉，黑暗充斥在周围，才发现身体疼痛得难以忍受。我喘息着祈祷，就让这毫无意义的生命安静地结束吧，我慢慢闭上眼睛，就这么等着……

突然间感到身边有动静，我费力地睁开眼，那是一棵几近干枯的仙人掌，它在努力地跟我打招呼。我说："算了吧，兄弟，已经没有希望了，我们活不下来了。"它蠕动着干裂的嘴唇，缓缓地说："可以，一定可以，你也可以！"说罢便静静伫立，更顽强地向下扎根。我脑海中不觉浮现出蓝天白云的影子，原来，我也曾那样强烈地渴望过永恒！

自此，我开始渴望狂风和暴雨。无数次狂风将我露出地面，仅有的几次雨让我变换地点，但我默默承受，毫无怨言。直到有一天，一场亘古未见的巨大风暴将我卷离地面，抛至空中，裹挟千里之外，骤停。追求奋斗了这么久，等待我的究竟是什么呢？是一如既往的地狱，还是……天堂？

"嗵"！周圆有无数水花飞溅，一群鱼儿欢快地从我眼前游过，海草的身姿柔软，珊瑚的颜色多得数不过来。我就在柔软的海底。不远处，一只蚌向我打开了身体，我知道它将帮我完成生命的永恒，于是我努力地游上前去……

原来，不用焦虑，也无须沮丧，相信韶光依旧，怀抱着希望，给自己的心灵一缕阳光，你会惊喜地发现，一扇新窗之隔，却是日光倾城，你的永恒原来一直都在那里。

——后记

评语

本文构思新颖，以一个引人入胜的故事阐明了一个简朴纯美的人生至理，文笔生动流畅，故事浑然天成，一波三折，启人深思，是一篇不可多得的佳作。

——马佩霞

给自己一缕阳光

2011级9年级7班　万梓唯

有一缕阳光，纵便是一片北风卷地百草折的景象，也能唤起东风吹拂的轻绿；有一缕阳光，纵便是风卷云涌的千重浪，也能呼出乘风破浪万里船；有一缕阳光，纵便是多舛命运，也能演出一幕幕多彩人生……

风雨人生，需要阳光去温暖。面对挫折，面对失败，给自己一缕阳光，给自己一个希望，不要灰心，不要失望，要相信只要自己不倒，人生就还有希望。

曾以一句"落霞与孤鹜齐飞，秋水共长天一色"而震撼当时文坛的王勃，也是一个官运不顺、命运多舛的仕者，但他没有灰心，没有放弃，而是以一种激昂的态度面对人生。他也曾有"兴尽悲来，识盈虚之有数""怀帝阍而不见"的悲伤，但他更有"老当益壮，宁移白首之心；穷且益坚，不坠青云之志"的豪气。他的乐观，面对挫折不灰心的态度挽救了自己。

"诗仙"李白多次被贬谪，但他却有一种"人生得意须尽欢，莫使金樽空对月"的豪迈；有一股"安能摧眉折腰事权贵，使我不得开心颜"的傲气；有一种"长风破浪会有时，直挂云机济沧海"的自信，这便注定了这世上没有什么苦难可以让他沉郁。一壶酒，一轮月便成了他排忧的交心之友。他用飘逸超俗的品格，一次次在挫折与失败之中将自己挽救出来。他给了自己一缕阳光，一个希望，这使他游于历史之中。

给自己一缕阳光，给自己一个希望，面对挫折失意不要灰心丧气，只有这样才能挽救自己。

千古风流人物，如那东去的大江浪淘无尽，但却给苏轼留下了美好的畅想。他虽几经贬谪，但心依然。岂不闻"自其变者而观之，则物与我皆无尽也"，他分清了变与不变，认清了世事浮沉，他以一颗坦然的心面对挫折，使他一次次重生。他给了自己一缕阳光，一份坦然，他也因此而挽救了自己。

一缕阳光，一个希望，就能挽救自己。岂不闻梁王坠马，贾谊哭死长沙；岂不闻垓下之战，项羽自刎乌江；岂不闻击匈奴迷路，飞将自到幕下……正是他们在面对挫折时，没有用一缕阳光温暖自己，没有让自己看到希望，才没能挽救自己。

人生几度清明，转眼青丝便作白发生；莫踌躇，莫徘徊，要相信"大鹏一日同风起，扶摇直上九万里"；要相信"千淘万漉虽辛苦，狂沙吹尽始见金"。风风雨雨人生路，给自己一缕阳光，一个希望，人生的大路旁必将繁花盛开。

评语

小作者以空灵的笔将我们带入历史，王勃、李白、苏轼……他们的出现，为本文增添了更多的文学色彩，语言极为精炼。

——周丽

给自己一缕阳光

2011级9年级2班　姜佳明

春暮时节，千万不要去暗自感伤，叹一江春水，惜花开花落，只要给自己一缕阳光，就可从"昨夜雨疏风骤，浓睡不消残酒"变为"争渡，争渡，惊起一滩鸥鹭"。

——题记

我可曾说过，我喜欢你，我喜欢你的三从四德，淡雅倾城。我也曾在无数个夜雨天里幻想过你的模样，或娇羞可人的"倚门回首，却把青梅嗅"，或令人倾倒的"知否，知否，应是绿肥红瘦"，我也不断更新着偶像，唯独你，占领了我心中的一方宝地。

喜欢你，喜欢你独特的经历，从你的诗文中，看到年轻的你，有着幸福安然的生活，有父母亲在旁悉心教导，实在是天之骄女。可随着时光的流逝，丈夫身亡，你仿佛不再是当初的那个你，也不会再去精心写那些美丽的文字。但，这时的你，已然成热，是的，你变了，你让我们看到了那个更坚强、更独立的你。在那个女子根本没有立身之地的宋朝，你成了一枝绮丽的红梅，在白雪皑皑中，更加映衬了你的绝代风华。

喜欢你的原因，也在这一刻清明起来。你的一生，虽称不上辉煌，却让我看到了满满的阳光和乐观，从你的坎坷一生里，我学到了许许多多课本上无法给予我的，那就是乐观面对生活。只有在困境中给自己一点阳光，教会自己面对人生的浪花朵朵，我们才能更好地生活、去爱。人生在世，生活中的苦难太多太重，要么你将它举起，要么它把你压垮。你教会了我，就算做一只蝴蝶，也要学会逆风飞翔，在困难面前，给自己一缕阳光，又有什么过不去的坎？

谢谢你，易安居士！

"至今思项羽，不肯过江东"，能让我在夜晚去回忆挂念的，还有你。我敬仰你，是你创造了"背水一战"的先河；我崇拜你，你不仅拥有过人的智慧，也拥有堪比松竹的品格。你讲义气，与人相文，便为挚友；你有尊严，一旦战败，便无颜面对江东父老。

作为一代英豪——西楚霸王的你，我从心底佩服你的英勇伟岸，雄才大略。可是，上天弄人，你却成了汉高祖的手下败将，历史的车轮滚滚向前，你的乌江自刎被别人的风尘过往所掩盖。可你曾想过，你的离去，令多少人扼腕叹息；你的离去，是许多人，甚至是历史的缺失。可你未曾想到过这一点，只是觉得无颜面对江东父老，便轻易了断了自己的一生，你一味追求面子，轻易自尽，就是你此生最大的过错。

人生旅途中，谁不曾迷惘过，徘徊过，怀疑过，可最终，许许多多不幸的人不都坚持下来了吗？而你——项羽，却带着未完成的心愿离开了。若再有一次机会回到人间，你会不会为你上一世的轻率流下悔恨的泪水呢？

人生路上，并不都是阳关大道，一马平川，有时，我们也要被迫走上独木桥。在那时候，就该自己给自己一缕阳光，笑对所遇到的一切艰难困苦，我们也许并不会就此赢来成功，但我们也会输得干脆，输得漂亮。

给自己一缕阳光，照亮心房的每一处角落，驱散心中的所有阴霾，我们就会迎来一个天无比蓝、水无比清的艳阳天！

只要心中充满阳光，人生就没有阴雨天。

——后记

评 语

文章侃侃而谈，用流畅而略带忧伤的笔触，引读者穿越至宋代，去全方位地感知和领悟李清照的情怀。语言富于感染力，细节刻画逼真，心理描写独到，十分成功。

——石瑞

当你珍惜

2011级9年级10班　周盈盈

一、人生何处不离人

世界是人的世界，生活是人的生活。

我们在人群中生活，我们的欢笑伤悲也都被人湖冲刷，我们在生活中迎来送往，碰到的人每一天都不同，有的人只是擦肩而过，有的人却带给我们欢笑与泪水，但是，没有人能够陪伴我们走过漫漫一生的长路。

于是我们面临离别。

有惊鸿一瞥后的擦肩而过，也有撕心裂肺的生离死别。

所有人都面临离别。

也许想，也许不想，人生中常常发生在我们身上的，就是离别。不可避免的，我们要感伤，也许是云淡风轻的忧伤，也许是整个生命也为之痛的悲怆。

也许是游子离乡，也许是知交零落，也许是征人别妇，也许，是亲人死别。

既然离别无法避免，那么只能珍惜，珍惜陪在你身边的人，珍惜关心你、爱护你的人。在意、挚爱、关心、知音，这都是无价的珍宝，如果等它们离你远去后才知道珍贵，那于一个人是件很悲哀的事情。

如果一个人懂得珍惜，那么就算离别，也没有什么可遗憾的，至少还有回忆，不至于在月明星稀的夜晚，对着怅惘、模糊不清的影子，徒增思念的伤悲。

对于初三的我们，珍惜每个同窗，每堂课，也许在遥远的以后，回忆起吵闹嬉笑和充满了奋斗味道的初三，我们，并不是孤独的。

人生何处不离人，人生何处无离人，珍重，惜别。

二、劝君莫惜金缕衣

"劝君莫惜金缕衣，劝君惜取少年时。有花堪折直须折，莫待无花空折枝。"

跟着歌调浅吟低唱，总在感叹时光太快，什么"白驹过隙"，什么"逝者如斯"，从古至今的诗人、词人，不知为它写出了多少醉人的诗篇，于是词穷不敢再妄议。

生命如流星，转瞬即逝。英雄如岳飞，也感叹"莫等闲，白了少年头，空悲切"。淡泊如陶渊明，也感叹"盛年不再来，一日难再晨。及时当勉励，岁月不等人"。多少人一生都在追逐时间，却屡屡被它用移形换影之术玩弄于股掌之间。

但是，为什么是逝去后再来感叹，为什么是抓不住了才来叹息呢？

因为没有珍惜。

"少壮不努力"是少壮时一任时光蹉跎，"白首方悔读书迟"是华发遍生后痛彻心扉的感叹，也许，不会有一个少年写得出来这样的诗句。

所以，惜时是很实在的东西，并不是飘忽在圣人文章中的字眼。

惜时的人同样不会有遗憾，同样，在到达自己梦的彼岸后，会感谢惜时奋斗的自己，而不是捧着书空吟"黑发不知勤学早"，空悔放任时光流淌。

"劝君莫惜金缕衣，劝君惜取少年时"，在逐梦路上，在学习的过程中，惜时，是成功的不二法门。

三、咏惜，叹惜

珍惜，是人生至高的境界，它听起来也许简单，可做起来很难，在这里写几句话容易，在这里读几句话容易，可是真正学会珍惜的，又能有几个人呢？

当你珍惜，无论是惜别还是惜时，无论是惜福还是惜祸，就算陌上的云霞，夜空的明月，都应当珍惜。

与你都无悔，都无恨，无恨于生我在世。

当你珍惜，世界就在你心中，无论什么，都是可以放得下、抛得开的；当你珍惜，就会从容地面对生活，悠然漫步人生之路，无恨，无悔。

📖 评语

文笔清丽淡雅，读完后余味犹存，一字一句中处处可见作者的细微心境和对生活细节的捕捉，"珍惜"自然流进我们的心田。

——马佩霞

惜往日年华

2011级9年级5班　黄　晨

时光就是这样爱捉弄人，当你想要去珍惜它、细细回味它时，它却一去不复返了。

——题记

我只是一个普通的男孩，在七八岁的时候也会哭，也会笑，但因为一位亲人的逝去，我经历了太多太多……时光蹉跎，转眼已经是第六年末了，就像一眨眼之间，时光已过去大半，又是一年美好的结束。

时光的指针在钟盘上不停地转动着，从未停歇，而我心中的思念也像潺潺的流水一般从未干涸，这位已故的老人便是我的爷爷，他在我心中仍然是那么和蔼可亲，平易近人，他留在我脑海中的美好的记忆从未变更，而我却变了……

从我刚刚落地哇哇大哭起，我感受到了人间的真爱——亲情。亲人在我的身边不断地呵护我，照料我。在我刚满一岁时，由于父母工作忙，我便被送到两位老人的身边去生活、成长。从我蹒跚学步，牙牙学语时，爷爷奶奶就在我的身边不断地照顾我，疼爱我，对我来说，这里就是人间天堂，世间没有什么能和它媲美。在我五岁时，由于奶奶对我的娇惯，我变得淘气，变得任性，经常喜欢肆意破坏家中的东西，我成了一个十足的"混世小魔王"。一次我在阳台上眺望风景，春光明媚，晒得我身上暖洋洋的，这时我看到了楼下晾晒的被褥，我便心生恶念，将一盆水泼了下去，我异常欣喜，像做了什么天大的值得自豪的好事一样。但当时因为年纪小，我还有一丝胆怯，便掩饰好一切，飞奔到爷爷身边。那时爷爷就是我的靠山，无论遇到什么风吹雨打，我都镇定自如。我就像暴风雨中一棵大树下的小草，无论外界怎么样，都对我没有伤害。果然，居民找上楼来，一口咬定是我干的，因为他们在楼下看到了我的"壮举"，爷爷便开始连声道歉、赔礼，可居民不依不饶地将爷爷数落一番："这么大年纪了，连个孩子也管不好……"我看到爷爷的脸一点一点变得通红，爷爷的矜持和尊严在一点点被撕碎。事后爷爷恨不得钻到地缝里去，随即欲扬起巴掌打我，看着我乞求的眼神，他叹了口气，摸了摸我的头却说："玩去吧。"还有一次，正值盛夏，吃完饭后，我们一起去花园乘凉，爷爷抽起了烟，奶奶顿时将爷爷推开说："吸烟对身体不好，何况还有孩子呢。"爷爷立即将烟掐灭。此时花园里灯火阑珊，天上群星闪烁，月亮在天空中寂静地注视着大地，蛐蛐在草丛中唱着男高音，蟋蟀在地上拉着小提琴，萤火虫在花丛中飞舞……爷爷便给我讲起了许多著名的故事，这些故事听得我如痴如醉，不久便不知不觉地进入梦乡……

愉快的时光像离弦的箭一般飞快地逝去，眨眼间我上了三年级，离开了爷爷奶奶家。爷爷每个周末都会特别想念我，我便会去爷爷家，爷爷每次都欣喜若狂，他还对我抱了很大的期望，让我好好学习，给他争光，有时还会给我出几道难题考我。然而，毕竟我在成长，而爷爷在变老，不幸的事终于发生了。在那个阴沉沉的午后，爷爷最终远离了我，远离了我们这个大家庭，永远离开了我们。当我知道这个消息后，心如刀绞，心中有说不出的酸楚，望着爷爷那熟悉的面容，想想再也听不到他的声音，我不由想了很多很多……爷爷去世后，我的生活从此没有了乐趣和生机，像一棵枯死的树，每天见不到爷爷的笑，我就像针扎一样难受；每天听不到爷爷关怀的话语，我便心急如焚；每天摸不到爷爷那双饱经风霜的粗糙的手，我就如坐针毡……当我还处在痛苦和悲伤的复杂感情交织中时，我想起一句话，爷爷生前曾对我说的："人即便是离开了人间，活着的人也要更好地生活，他的灵魂也会保佑亲人。"这时，我恍然大悟，望着爷爷的遗像，那慈祥的面孔又一次映入眼帘，我似乎感受到爷爷就在我的身边，将我轻轻地推了一把，于是我开始奔跑，此时窗外的天也随即变得明媚起来。

爷爷的逝去，对我的触动很大，但人总归要离去，爷爷的关爱随着他的离去留在了我的心中，在鞭策着我不断地奋斗，激励着我加油，在我遇到困难跌倒后，在不断地安慰我，让我在以后的岁月里，即便经历狂风骤雨，即使遇到艰险，也不会害怕。因为有爷爷在我心中，我便会劈开坎坷磨难，向前冲去，一直冲，直到爷爷满意为止，我会不断发愤图强，积极奋进，冲到既定的目的地……

爷爷，感谢您对我的帮助，我衷心地感谢您啊，为了您那无私的、慈祥的、无微不至的爱。

——此文谨献给我逝去第六周年的爷爷

评语

通过追忆，写出了自己对爷爷的无限怀念。文章以情动人，人物形象鲜明，思路清晰，层次井然，语言流畅，是一篇优秀的记人文章。

——石瑞

匆匆而过

2011级9年级10班　赵　隽

　　在美国华盛顿的地铁站里，一个男子用小提琴演奏了六首巴赫的曲子，共四十五分钟。在这四十五分钟里，大约有两千人匆匆而过，二十个人共留下了三十二美元，只有六个人驻足聆听。但这个提琴手并不是个普通的街头卖艺人，他是世界上最伟大的音乐家之一——约夏·贝尔。他演奏的是世界上最复杂的乐曲，如果要在剧院里聆听这些乐曲，至少要花二百美元。

　　如果有人告诉这两千人，他们刚刚错过了聆听这位伟大的音乐家的演奏，他们会是什么反应？他们中也许大多数人会说："这不可能。刚刚的乐曲有这样的水平吗？"

　　他们为什么有可能这样说呢？再好的乐曲也需要人们的欣赏，然而他们都匆匆而过，自然也就错过了美妙的乐曲。

　　当人们不为生活中那小小的美而驻足时，人们就会渐渐错过生活中的欢乐。城市化、现代化就像是一支鞭子，驱赶着人们不停地前行。走一步，再走一步，人们眼里只有目的地，而道旁开放的野花随风散发清香，树叶随风摇动发出沙沙声，却进不到鼻子里、耳朵里，更进不到心里。这样，人们就只能看到漫漫长路，也因而变得焦躁起来。

　　在成县的西狭有个小瀑布，我去的那天日头足，停下来照相的时候，突然看到有一小段彩虹。那时是节假日，景区里人来人往，但似乎只有我们发现了彩虹，许多已在这儿合完影的人听到我们的惊呼，又返回来重新看看，待我们走时，那儿已经驻足了不少人。我不禁想起一句至理名言："生活中不是缺少美，而是缺少发现美的眼睛。"

　　在每天早上，走在藉滨桥上，学生们和上班族匆匆而过。如果他们扭头看看河畔——夏天，朝阳将出未出，天边的颜色由灰蒙蒙到淡紫，再升华到深红；在冬天，河面映着灯光，彩灯与黄色的路灯似乎构成了一个朦胧的镜像……不由令人心生惊艳。

我们的匆匆而过使我们错失了太多，风景、人情都因此而失了颜色、失了活力。庄子曾说："天地与我并生，而万物与我为一。"匆匆而过使我们与天地分离、与万物陌路。曾有人说，现在的人越来越孤独了。我们为什么孤独？因为我们情感淡漠。为什么情感淡漠？因为我们不会为了那些与我们关系不大的事物而悲伤、感动、愤怒，因为我们根本不关注那些事。

我们常说，时间是宝贵的，但是我们宝贵的时间永远也不会紧张到让我们对一切都无法关心。停下来，停下匆匆而过的脚步，不难。

当我们停下来的时候，就会发现世界的美妙：今天，行道树的叶子已经变黄，有更多的候鸟飞向南方，月亮与云影交汇的时候星光更加闪耀……心海也因自己的感受起了波浪。

匆匆而过，我们错过太多，请暂且停下脚步，去感受一个五色斑斓的世界，去品位一个五味俱全的人生。

评　语

行文流畅，文笔优美。由一篇短小的材料引发出作者深刻独到的见解，显示出作者非凡的文字功底和缜密的逻辑思维，是一篇考场佳作。

——马佩霞

一花一世界

2011级9年级6班　杨　楠

佛说，一花一世界，一叶一菩提。

你可曾注意过一个世界的绽放？

——题记

2013年12月1日　星期一　阴

出门依然很慌乱，我一向讨厌早起，总在闹钟响后一把摁掉，碎碎念着："五分钟，再睡五分钟……"

如你所见，虽然我一直没能成功演绎动漫女主角一手书一手车钥匙，叼着切片面包狂奔出门的经典场面，但迟到已经是肯定的了。

今天是出成绩的日子。

我一边走一边胡思乱想，忽然看见几个小学生模样的黑影晃动在前面手电的光晕里——天知道他们干吗这么早出门。光束打向水画，隐约在湖面照出一片清晰。

我加快步子走过去。

小学生在清晨凛冽的风里通红着脸，半个身子探出去趴在便桥护栏上，兴奋地讨论着。

我停下来听。看了眼表，唔，我有两分钟的时间可供浪费。

其中一个说："你看见了吗？鱼在睡觉呢？"于是我好奇地凑过去看睡觉的鱼。

另一个回答："根本看不清啊，老师骗人的吧？""可是我好像看到有涟漪啦——鱼在游啊！鱼没有睡！"第三个小学生兴奋地大喊。

"那鱼到底是白天睡觉还是晚上睡觉啊？"第一个小学生喊，然后发现了默默围观的我，"姐姐你知道吗？"我诚实地答："我看不见也不知道，但我觉得，鱼可能想睡就睡了——不分白天晚上。"

小学生们更加活跃地讨论起来。

我一看表——啊，我要迟到了，上学比睡觉的鱼更重要。

如你所见，我和所有初三生一样，非常忙。

2013年12月4日　星期三　晴

天啊，这世上为什么会出现跳绳这种丧心病狂的运动。

为什么所有的晴天都有体育课！

——以上，是一个每分钟跳绳一百个上下、实心球根本得不了分的体育者发自内心的咆哮。

在我兀自咆哮的时候，体育老师已经云淡风轻地挥一挥手，宣布接下来可以自由活动了。于是我一扔跳绳，去学校小花园找花木一吐心中的抑郁，与自然为友。

小花国里初一的红领巾正在写生，我依稀记得题目是《描绘我的校园》。

我感叹着韶华已逝，余生不再有美术课。然后装作散步走过初一生身边，一睹后辈的作画风采。

无心撷取到只言片语，只觉得甚是有趣。

初一生抬头看着常藤萝花架上的枯枝败叶，若有所思："我们学校竟然有这种……这种……唔，这是什么？爬山虎？"

几个人上前钻研一番。

我忍不住了："那是紫藤萝。"

她们诧异："我们学校竟然有紫藤萝？竟然有紫藤萝！"

我翻翻白眼，显出不屑置辩的神气。

然后她们拿出新世纪文艺小清新的气魄，对着一架枯黄凄凉的藤蔓回忆《紫藤萝瀑布》里的句子。

依稀记得当年我也干过差不多的事啊。

我抬头看着方寸之间的绿树成荫。

此时已经入冬，朔风凛冽，树木和花枝都显出颓败凄凉的样子。爬山虎的红叶早已落尽了，枯瘦的藤无力地攀附在砖墙上；松树绿着，却是深沉的苍青色，不复春天、夏天青翠的勃勃生机；而那些干枯的一丝不挂的枝丫……

——它们是什么树？春天开怎样的花？夏天长怎样的叶？

当我问自己这些问题，我震惊于自己的茫然不知——而我在此生活，已足有三年。

2013年12月8日　星期天　晴

今天是难得一见的，与同学相约结伴出行的大喜的日子。

挂着耳机七拐八拐走进一条小巷子里。

遵照同学的指示，正在寻找一家蛋糕店，据说就在附近一条巷子里。

这是我从未来过的地方。

巷子是东西走向，我们走进去正面对着夕阳。那光芒仿佛沉没在这两排窄窄的砖房之间，金色的浮尘在空气中游动，我几乎睁不开眼来。两侧的小店，坐在门槛上百无聊赖地涂着指甲油的女人，在十二月的风里赤裸着手臂的文身大叔，牵着孩子的手摇摇晃晃出门买菜的妇人。喧闹的、破败的、污浊的……我从未见过的另一种散发着尘土气息的美。

同伴拉着我离开。

一步三回头。

仿佛第一次认识，生活了十四年的，这个狭小落寞的城市。

2013年12月13日　星期五　晴

我正坐在考场里，运笔如飞，而老师已经在等待交卷。

忽然翻涌起来无数零散的画面，关于我所一再错过，又一再发现的美丽。

一尾鱼，一架花，一条喧杂的巷。

我已经错过了如此巨大的美好，幸而我又发现了它们，幸而我有很长很长的光阴，供我在这个世界缓慢而坚定的行走。

我的匆忙，并非匆忙。

我尽可以停下我急急奔赴未来的步伐，去看一看花的开放，去聆听地铁站里的音乐，让自己缓慢而坚定地长大，一路寻找点滴之美。

不愿再错过任何生命中的美好，我如此笃定地对自己说："停下来去发现美。"

——你相信吗？

——在你刚刚错过的那朵盛放的花朵中，有你不曾发现的一个世界。

评　语

　　文章开头简而得当，通过环境描写来衬托人物心情，十分艺术化，能做到详略得当，重点突出，结尾恰到好处地点明了中心，语言朴实而含义深刻，耐人寻味。

——宁利明

九、把心儿打开

请把心儿打开，大自然中的风声雨声、虫鸣鸟语；生活中的歌声书声、笑声哭声，亲人朋友的安慰、鼓励、批评都会滴进心田……

心灵的浩瀚

2012级9年级9班　汪秋洁

苍鹰带着一颗勇敢的心翱翔天际，去拥抱蔚蓝的天空；小溪带着一颗雄心，越过高山，去享受世界的美好；人们带着一颗感恩的心，去发掘世界上爱的存在，带着一颗纯洁的心灵，越过高山，跨过海洋，去感悟人间的真谛。

心灵的浩瀚，如同宇宙一般，奇妙却又深不可测。心灵的深处，好似深不可测的地心深处，蕴含着无穷无尽的能量，一旦暴发，则会发挥出超人的能力。濒临死亡的人，他们站在死亡线的边缘，站在地府门口，徘徊不定，寻找着自己内心的欲望和希望，亲人的呼唤，激发起自己心灵深处无法显现却又欲加强烈的求生欲，带着一颗坚强的心，作为高飞的翅膀，飞越死亡线，穿越回来。但拥有无穷能量的心灵深处，也有着一些不为人知，甚至连自己都不太清楚的小秘密，那些不愿打开的记忆，连同各种不好的心情，一并收入心底那个无形的小盒之中，锁上锁，埋在心底，去感受心灵的浩瀚与美好。

浩瀚的心灵，无穷无尽的心声。一颗雄心，是高飞的翅膀；一颗爱心，是挡风的屏障；一颗勇敢的心，是迎着风狂奔的动力；一颗坚强的心，是越过高山的勇气；一颗纯洁的心，是跨过海洋的美好。感恩之心可以获取真情，宽容之心可以赢得尊重，奉献之心可以温暖人间。万缕心灵的浩瀚，照亮世界，点亮人生，光明世界的每一个角落。

心灵的浩瀚，充满着自己的豪情壮志，自己的感恩之情，自己的仁爱之心，决不服输的坚毅，决不放弃的倔强……大雨冲刷着心灵，知识滋润着心灵，真情触碰着心灵，困难磨炼着心灵，把一切揽入心灵的浩瀚之中。

凤凰浴火，涅槃重生。真正浩瀚的心灵，既宽阔，又刚强；既纯洁，又勇敢；既坚毅，又倔强……将自己的心灵，融入人间真情，融入自然，融入万物。带着心灵，去田野吹吹风，带着浩瀚而又强大的心灵，拥抱蔚蓝的天空，把所有的不愉快埋藏于心底，把一切的美好都放入浩瀚的心灵中去。

"原谅我藏在心里寥寥的狂傲，去战，面对天场荡浩。"

——后记

📖 **评　语**

作文写得十分大气，语句铿锵有力，让我们看到了作者积极进取的人生态度。

——周丽

被忽视的"心"

2012级9年级9班　孟亦许

又是一年春节时，老家县城爆竹声声，到处张灯结彩，好不热闹。

我的心也是激动而又喜悦。激动，是因为这人潮汹涌的欢快场面。喜悦，则是为了我即将到手的压岁钱。是啊！一到春节，孩子们都眼巴巴地盼着那可以维持一年"生计"的压岁钱；只要乖乖地给大人们拜个年，那些令人眼红的红包就能落入我们的口袋！

当然，这次我也不出意外地"满载而归"，只是在我回到家中时，却看到了四爷爷——衣裤宽大而破旧，握着他那只剩下半截的破拐杖，佝偻着背在和爸爸说些什么。

四爷爷我没见过，却是知道的，因为哥哥姐姐们都向我说过，他很穷。因为他穷，我们这一帮孩子拜年时都会绕过他家，他的子女在外地，过年过节从没回过家。于是，每年他都一个人过春节，守着四奶奶的遗像发呆。

只是，这次怎么到我家来了？该不会是来蹭饭的吧？我想着，撇撇嘴向我的房间走去。

爸爸看见了我，招呼着我过去给四爷爷拜年。我极不情愿地走到四爷爷面前，看到他沾满泥污的裤腿和肮脏的前襟，心里更加厌恶。

生硬地说了句"四爷爷长命百岁"，我就想开溜了，但是四爷爷高兴得满面红光，伸手就拉往了我的手。

那手真粗糙啊！像是砂纸，扎得我的手生疼，我连忙把手抽开了。

只是，我手里却多了些钱，一毛的，五毛的，我数了数，总共一块钱。就在我数钱的时候，四爷爷走了，爸爸则是一脸的恨铁不成钢。

我想他有话要说了，但他只是吸了口气。

晚上吃饭时，爸爸告诉我，那给我的一块压岁钱，是四爷爷跪在街上，向人一毛一毛地讨来的，他去买对联的时候恰好看到四爷爷伏在地上给别人磕头。

我忽然没有胃口了，回到房间，我拿着那些毛票，一遍一遍地数，一遍一遍地看。

其实我想哭，我想哭出来，我身上的罪会不会少一些，会不会就代表我悔过了？只是我的难过困在心里，我只好又一遍一遍地说"对不起，我错了"。

对不起，对不起啊四爷爷，我错了，我真的希望您能长命百岁，我明年一定会去给您拜年的，以后每年都会去的。

📖 评语

文章短小精悍，能做到详略得当，重点突出，在人物形象、动作描写部分，简练而准确，衬托出人物的思想品质，结尾处自我反思，在悔悟中流露真情，情真意切，感人至深。

——马佩霞

心的世界，新的希望

2012级9年级11班　岳天嫒

心在哪里，风景就在哪里。愿心飞过的一切时光，都如花般绚烂，如诗般优雅。

——题记

我愿拥有一颗雄心。自由翱翔的雄鹰总向往更广阔的天空，它们愿与蓝天搏击，与白云嬉戏，它们从不满足于自己头顶那狭小的空间，也不拘于身边安逸的生活，而它们所追求的是那俯视世界的姿态，那永不言败的姿态！这便是雄心的体现。每个人都有自己生活的舒适圈，只要冲破它，打碎它，你便拥有了那翱翔天地的本领！我愿拥有一颗雄心，在生活中，用它做高飞的翅膀，成长的助推器。在竞争激烈的社会中，我愿像雄鹰一般飞向那属于自己的一片美丽蓝天！

我愿拥有一颗感恩之心。常言道："滴水之恩，当涌泉相报。"我们生活中，或多或少会受到他人的帮助与关怀，老师的帮助，同学的鼓励，父母的爱护，长辈的关怀……都需要我们用感恩之心、用实际行动来回报他们。我愿拥有一颗感恩之心，在生活中处处留心，让感恩之光遍布我们的生活的每个角落，让这个世界因感恩而变得多姿多彩！

我愿拥有一颗坚强的心。曾经看到过一篇文章的标题——《世界如此险恶，你要内心强大。》是啊！世界变幻多端，拥有一颗坚强的心，是走入社会的基本条件。但是，怎样才能使心灵坚强起来呢？那就是面对挫折，永不言弃。贝多芬在晚年时，遭遇耳聋和人性的背叛，但他从不气馁，并发出了"我要扼住命运的喉咙"的呐喊，这是心灵强大的表现，是永不言弃的姿态！还有司马迁，遭遇刑罚后依然不屈不挠，写下了中国第一部纪传体通史《史记》。还有许许多多的事例值得我们借鉴和发扬，这就是鲁迅所说的"中国的脊梁"！然而他们的共性，就是拥有一颗坚强的心！我愿拥有一颗坚强的心，一颗永不言弃的心！

我愿拥有一颗爱心……

我愿拥有一颗宽容之心……

……

心的世界，新的希望。当我们将这些美好的心灵编织在一起，就会构成那美丽的世界。让我们带着这些美好的心灵，勇敢地走下去！

满怀希望，大步地跨步前进，心的世界在远方闪烁，像夜空中的星星一般照亮前进的道路，使我们充满自信。

九年级的我们，冲吧，带着自己的心，带着自己的世界，带着自己的小宇宙……冲向中考的考场，冲向自己人生的顶峰，为自己的人生增光添彩，为自己的人生留下浓墨重彩的一笔！

——后记

📖 **评语**

　　这篇文章充满激情，令人奋发向上，引用名人事例揭示文章主题，全文语言铿锵有力，掷地有声，读来令人热血沸腾，结尾恰到好处地点明中心，短促有力。

——马佩霞

感受幸福

2013级8年级12班　薛亦菲

　　时光如水一般流逝，曾经许许多多的记忆早已被风化成了一张张书签，珍藏在了心底。偶尔去翻动它们，嘴角便会微微上扬，那一刻，幸福的馨香，在我们的心间缓缓流淌……

　　回忆存放得久了，就会有了灰尘的覆盖，变得略显黯淡，而幸福的记忆，无疑会给往事抹下几笔明丽的色彩，让回忆甚至变得鲜艳而多彩起来。依稀记得孩提的时候，在晴朗的夏夜坐在花园边的台阶上，一边享受着"天阶夜色凉如水"的美景，一边与要好的伙伴们一起数着星星，为它们编造着美丽的神话，乐此不疲。对我来说这是多么惬意啊！在这惬意之中，还渗透着浓浓的幸福。

　　随着年龄的增长，"幸福"在我心中的形象逐渐变得鲜明。幸福，有着许许多多的含义，没有一个是标准答案，只要能让我们开心或感动，那都是幸福。也许是一次与好久不见的密友的邂逅；也许是自己许久以来的愿望或梦想成真；也许是放学回家时看到父母温暖又熟悉的面庞挂着善意的笑容；也许是老师一句真诚的称赞……幸福其实就在生活的点滴中，看似难觅影迹，却又无处不在。

　　隔着千年时空，古人们用他们的方式来感受着幸福。诗仙李白，有一次与友人饮酒饮了个畅快淋漓，末了，他带着醉意吟诵道："一杯一杯又一杯，两人对酌山花开。我醉欲眠卿且去，明朝有意抱琴来。"这是何等潇洒自在，不拘不束的幸福！在东晋这样一个战乱纷繁的时代，却出了一位绝世才子——陶渊明。他非但没有为世事所羁绊，反而留下了"采菊东篱下，悠然见南山"的千古名句。这是宁静淡泊，随心随喜的幸福！明代的王守仁还年轻的时候就告诉他的父亲，他的梦想是成为一名圣贤，想不到换来的竟是父亲的勃然大怒。但他毫不动摇，在朱圣人——朱熹光明的指领下，按着一位同行友人所说的"格物穷理"的方法去做。最终，王守仁悟出"成物之理皆在于心"，并成了心学的创始人。他的父亲最后也终于理解了他。王守仁，这个可以称之为"圣贤"的人，感受到了自信旷达的幸福！

不要总是以为幸福是多么遥不可及，它就在身边，就在我们成长与实现人生价值的道路上，只等我们去探索，去发现，去感受。愿你我用真诚之心去感受幸福，俯身闻得一路花香！

评 语

本文作者积累颇丰。文章开头先以自己童年、少年时对幸福的感受入题，然后列举了诗仙李白、才子陶渊明、圣贤王守仁各自的幸福体验，突显了作品的主题。

——宁利明

寂寞过，终将辉煌

2013级8年级12班　牟鹏达

我们在眼泪中奔跑，奔跑在眼泪中的我们，终将被流转的时光，冲洗出寂寞之后的辉煌。

——题记

一

我愿意在阳光下剪裁自己的影子，享受翻阅旧照片的一个下午，也会捧起一本书，沉浸在一个人的世界。总之，我的成长道路，是自己行走的。当我某天突发奇想，找到一群朋友玩耍时，才意识到孤单的身影距离他们的世界是如此遥远。游戏也算一个……

"我们的人数早就超了。再说，即使有你，也与没有相差无几吧。"轻蔑的语气，配合着狡黠的笑容，所激起的是我羞红的脸，沉默才算我的朋友，他们永远都不会是……我还是独自绕着操场奔跑，与寂寞并肩在时间中奔跑。

可以停下的是钟表，时间的脚步却如此匆匆。心里住着好大的孤单。

二

我的文化底蕴也是日积月累下来的，说得通俗易懂，就是大人们口中常挂的那句话：学习成绩不错。轻轻地翻过白纸黑字的试卷，空调的嘈杂声回荡在考场，"还有十分钟交卷。"监考老师严肃的脸我在画中勾勒，光线的明暗搭配，变成了戴着方框眼镜的老师的脸。

成绩出来时，我同往常一样怀着激动的心等待发卷，直到听见我的名字被老师清晰地吐出，心跳瞬间停止了，待我还未回过神来，四周同学刺耳地发出了"喊——"的声音。恍惚间我感觉到，仅剩的微小的自尊，在此刻泯灭。

都说流泪是懦弱的表现，可它为什么不听话了？我仰望起蓝天与白云，它们从来都很悠闲；抬起头，眼泪就不会流下来了吧。眼泪终于漫过眼眶，顺着脸颊滑下来，滑下来。在干裂的嘴唇处，泪水不动了，抿抿嘴唇，血液的甜，眼泪的咸，如此五味杂陈。

三

向我伸出友谊之手的男孩，有一张格外明朗的脸。"你好，来和我一起玩吧，你去当我的队友。""可是……""就这么愉快地决定了。"他笑着，露出一排洁白而整齐的牙齿。

渐渐地，我们经常结伴而行。一起在课间写作业，一起听MP3，他特别喜欢陈奕迅的歌，我也跟着他听。突然我说："你说十年之后相见的我们，会不会形同陌路？""当然亲如兄弟。"他说得如此肯定，我会心地笑了。

十年后相见的我们，真的会清晰地记得彼此的笑靥，以及一起度过的时光吗？

现实告诉我们，情感就像美丽的泡沫，美面的外观下总是易碎的脆弱。

因为我们之间的友谊只过了一年，就已经冷淡了。

四

升入初中后，才发现学习真的不是一件容易的事。成堆的作业，频繁的月考，生死攸关的期中期末排名，摧残着我的神经。我开始把一切的精力投入到习题中，但依然会在密密麻麻的文字中困惑，也会为一道难解的题而抓狂。

每天早上老师会让我们晨练，为的是中考时不大不小的体育成绩。总有三三两两的同学并肩而行，即使被老师批评，也令我如此羡慕。

生活循环往复，平静的表面也有微微的变化。大家会去关心谁的学习进步了，谁又怎么退步了；有的同学刚刚进入初中谨小慎微，却在熟悉后展现出大方开朗的一面。

我也在悄悄变化着。

曾经那个寡言寡语的我，会主动邀请同学与我一起参加各种活动，也会和周围同学很融洽地讨论。友谊是一种双向的付出，同时又被大多数人所渴望。

我变了。

我真的变了。

我还会去操场奔跑，可却不是我一个人寂寞的身影，有一群爱笑爱闹的小伙伴，本身就是一种幸福。

五

第二次期中考试结束了，熟悉的公布成绩的时刻，我的名字出现在排名表的前十名。一瞬间我就兴高采烈，还有朋友们赞美的话语。

付出总会有收获吧。

终于等来黑夜后的曙光。

六

在我多年的孤独与寂寞后，我体验到了双向的美好。真诚的友谊是润色，骄傲的成绩为勾勒，组成我丰富多彩的生活画卷。

同样是我的辉煌。在此热爱着，崇拜着，唯有时间改变着一切。没有久远的快乐，是小份的快乐组成的篇章。

评语

在文字中讲述着自己成长的故事，在孤独寂寞中走向辉煌的过程。在黑暗中你依然努力地寻找着光明，而这光明终究因你的执着翩然而至。如水的文字跃动着一颗灵动的心！

——景庆媛

寂寞之后的辉煌

2013级8年级2班　李雍也

也不知怎么的，进入青春期以后，对寂寞孤独之类的字眼越来越敏感，即使身边有朋友的温暖，亲人的爱护，却也是觉得迷茫，好像心中缺失了什么似的。有时候也会问问自己到底是怎么了，想想，好像我一直没有什么该去坚持的理念，去为它而执着，去为它而拼搏。是梦想吗？好像也不是。梦想对于我来说还是个比较遥远的东西，我现在所做的事情也许是正在为它打基础。那么我心中所空缺的那个东西到底是什么呢？

记得二年级我与书法有了不解之缘，在很小的年纪里，就特别想有大师泰然乐哉的境界。不过，从书法的学习中让我有了两种感受：一种是浑然一体，一种是枯燥无趣。浑然一体让我与书法的精神世界交融到了一体，使我体会到毛笔游走在纸上行云流水一笔呵成的快感，让我感悟到写完每一笔后带给我的小小的欢悦，仿佛毛笔就是我的思想，我的思想飘往哪个方向，毛笔就要准确无误地把它描刻勾勒在纸上。不过枯燥无味也是难免的，有时心情实在是差至极致，坐在案前静不下心，笔下的字一个个歪歪斜斜，"各具形态"，让人哭笑不得。有时候会有几个笔画或是几个字练不到位，没有灵性，死气沉沉的，于是人也便没了动力，小小的失落在心底蔓延开来，就觉得坚持不下去了，一烦躁一着急，便也是写不下去了，只能杵着头盯着案子发呆。

渐渐地，又掺杂了一味情绪在其中，那便是困惑。很奇怪自己为什么会为了书法而坚持，很迷茫我为什么要练书法。很多很多的问题萦绕在脑海，使我不得不停下手中的笔去思考，毛笔换了一支又一支，墨汁换了一瓶又一瓶，宣纸换了一张又一张，砚台换了一个又一个，时间也是一年一年地匆匆飞逝，我以前难道都是很盲目地在书法界的边沿围绕吗？想想自己在案边苦练的种种寂寞、烦躁、苦恼、无趣……让我觉得自己当初视若无睹是不是错了，自己现在是不是该停下来不再继续向前。于是，我去问了父亲我该怎么做，我印象很深刻，父亲当时看了我一眼，保持着沉默离开了我的房间。我一人在房间里静静伫立，周身漫来了莫名其妙的寂寞感，忽地又想起父亲的眼神，一瞬竟然悟出了很多东西：放弃心中的杂念，追着原来的梦跑。手中毛笔有了分量，铺开一张宣纸，笔走龙蛇，心平气和，平稳有力。一分一秒地过去了，一幅苍劲的书法被我挂在墙上：宝剑锋从磨砺出，梅花香自苦寒来。

倏而，瞬悟，我所缺的是追逐梦想奋进的动力。曾经，被寂寞无助蒙蔽了双眼，变得颓废，而如今，从黑暗中走出来，用坚持渲染梦想，带着梦，一起飞，飞向成功，飞向辉煌。

曾经的曾经，种子萌发，痴痴傻傻，不想不念也无挂。今天的今天，细数成长，似懂非懂，困惑迷茫无方向。明天的明天，参天大树，忘我泰然，坚持不懈向辉煌。

——后记

评语

本文从书法练习中感悟到一种人生哲理，即在寂寞中，放弃杂念，执着地追求，最终会走向辉煌。一事一议，一事一悟，语言平实，道理深刻。人生当努力，岁月不饶人，别让寂寞腐蚀了我们的志气！

——景庆媛

花　魂

2013级8年级2班　王兆西

传说，每一朵花，都有自己的花魂，花魂是花的精魂，花魂散尽，花便枯萎；唯有历经花魂的考验，才会年年绽放……

——引子

在一个小镇里，有一颗巨大的樱花树，据说是花神在创造这个镇子时种下的，因此人们都视之为本镇的宝物。

樱花树年年开花，花朵芳香馥郁，且有治湿疹的奇效，镇子里的人靠制药赚了一大笔钱。因此，这座镇子被叫作"樱花镇"。

镇子里没有人不对樱花树感到敬畏，就连野猫也不敢爬上树去，尽管树上的花朵令它垂涎三尺。

樱花树把这一切都看在眼里，它渐渐变得乖戾而刻薄。有一天它对蝴蝶说："我是花中的王者，只有我配为花神，总有一天我会替代那个家伙当上花神的，到时候你们都得看着我的脸色生活，战栗着滚开吧，杂种们！"

蝴蝶飞快地飞走，把消息传播给人们，一时间，消息像长了翅膀一样飞向四面八方，被传得沸沸扬扬。花神也终于听到了人们的风言风语，气愤地一挥手，一道雷霆如长虹饮涧，在夜色中闪烁着，轰鸣着，向樱花树劈去。樱花树顷刻间被劈成两半，花朵落了一地，花魂也随之飞射，染红了整个镇子上方的天空。

人们惊愕地跪在地上，向天边不断磕头："放过它吧，花神！它可是我们生活的经济来源呀！放过它吧，召回花魂吧，伟大的花神！"

花神却无动于衷，并且降罪于人们，令湿疹在他们之间蔓延。只一个月，镇子里的人就死了三分之一，走了三分之一，剩下的三分之一都是一些身无分文或奄奄一息的人。

樱花树不再令人敬佩，有的只是令人畏惧，但也没有人去挖樱花树，因为大家都担心再受到神谴。樱花树开始变得沉默，不，是死一般的寂静。很久之后，被野猫抓得千疮百孔的樱花树开始忏悔，它用几近耳语的声音呢喃道："樱花一季，苦难千载，骂名万世，遗臭无穷。"花神得知，也有些怜悯：既然它已知错，那也就给它一个台阶下。于是花神又一挥手：樱花树只要忏悔三万六千零一十六次便可恢复树体，再忏悔七千六百六十次便可招回花魂。从此，樱花树开始了忏悔的历程，它的声音传到天边，月亮也渐渐变得哀伤；它的声音传到水底，鱼儿也停止了游动，沉入泥沙中。樱花镇变成了一处厄运之地。

一天，一个小女孩牵着祖父的手走过樱花树，小女孩突然抬头问道："爷爷，我们的镇子为什么叫樱花镇呀，还有还有，爸爸妈妈去哪儿了？"老人望着樱花树说："孽缘啊孽缘，世间万物，辉煌之后剩下的，只是寂寞而已，花开时神祈人祷，花落时神谴人责，哎，光芒万丈之后便是无尽的暮霭呀！"小女孩摇摇头，连说不懂不懂，老人拉着小女孩，头也不回地走了。

樱花树一边忏悔，一边听着老人的语，它顿时明白了些什么，它停止忏悔，细细思索，终于缓缓地说："辉煌，真的可以毁了一个人！"这时，花神突然站在了樱花树的面前，说道："不是辉煌毁了你，而你自己。每个人都会有辉煌的时刻，关键在于你如何去对待这些辉煌，如果你因此停止了脚步，你便会一步步走向平庸，如果你继续努力上进，你就会取得更华丽的辉煌；如果你嚣张跋扈，你就会毁灭自己！"樱花树眼泪婆娑，一滴泪水滴进土里，樱花树周围突然变得金光四射，在光海中，只见樱花树恢复了原貌，只是枝头少了花朵的倩影。樱花树正在惋惜，只见天空中一片通亮：花魂回来了！一粒闪光的红色光点坠入到樱花树上，变成了一朵朵重叠着花瓣的樱花，散发出沁人心脾的幽香。樱花树在一片金红交织的光网中说道："不，辉煌之后是寂寞，但对于我，寂寞之后是又一次的辉煌！"

从此之后，樱花树年年开花……

评 语

　　这是一篇哲理散文。文章通过樱花树辉煌与寂寞的两个阶段的经历，告诉人们这样一个道理，即努力上进就能取得成功，走向辉煌，嚣张跋扈，必将毁灭消亡。借花喻人，意蕴深刻。

——宁利明

瞬　间

2013级8年级12班　董文萱

　　历史的长河是由无数个瞬间组成的，人生的旅途，也是由无数个瞬间组成的，每一块记忆的碎片都是一个瞬间，闪烁着爱的美丽和精彩，同样孕育着丑恶、无奈和痛苦。对我而言，总有一个瞬间尽管短暂，却已是永恒。

　　夜，深不见底的熔炉，连月光也吞噬了。钟表的指针单调地发出嘀嗒声，我暂时关闭台灯，让遨游在题海中几个小时的大脑冷却平静下。黑暗立刻涌入房间，一寸一寸不声不响地侵蚀我的肌肤，仿佛阴云密布的天空，马上会跳出一群张牙舞爪的怪物。我倒抽一口气，迅速回头——一片祥和的白色钻进门缝向屋内蔓延，映亮一部分墙壁和地板。我深深呼气，紧绷的神经放松下来。老妈老爸一定又在享受他们睡前的闲暇时光，这才留我一条生路。无论是怎样忌妒他们的悠然自乐，这灯光毕竟给了我安慰。

　　我怕黑，骨子里的恐惧促使我蜷缩在被褥里入眠，走到哪里一定要开灯，走夜路像疯了一样快……我厌恶的不是书山书海，而是深夜万籁俱寂的凄凉，漆黑一片的环境。早在幼年，我的弱点就十分明显。五岁生日时，调皮的玩伴抢先一步到我家。采光极差的小楼陷入黑暗中，便伸手不见五指，唯独几盏灯奉献着它们的光亮。朋友们计划趁我上楼时熄灯，马上打开五颜六色的发光礼物的开关，给我一个惊喜。承蒙他们美意，为我留下了一个难以忘怀的惨痛瞬间：楼梯走到一半，猛然堕入黑暗中，仿佛被一只魔爪握住。我惊叫一声一脚踩空，摔在台阶上。礼物不失时机地亮起来，照出我的后脑勺……我磕破手肘和膝盖。在那之后，有相当长的一段时间，我甚至拒绝晚上独自上楼梯。

指针按在数字10上，我长长地打了个哈欠，无精打采地走向洗漱间。主卧室的光充斥了整个过道，在墙壁上勾勒出门窗清晰的暗影。哼！几点了还在娱乐呀。大人一天轻轻松松，我们累得半死不活，还总怨我们不用功！我重重地摔了牙刷，满腹不平地洗漱，又疲惫不堪地回了房间。在软绵绵的被子中，思维却越发清晰。我默数着钟表的嘀嗒声，盘算着什么时候能同周公做笔记。

钟声短促，一下又一下敲击我的心灵，在房间中回荡。似幽谷清泉打在岩石上，一种飘飘然若真若幻的境界。一丝轻微的响动，大卧室像复活在夜间的精灵，竟悄悄说："听，睡下了吧？"黏涩的嗓音很轻，似乎怕惊醒我。"睡下了睡下了，陪这丫头学习真不容易，关灯吧。"低沉的嗓音，显然是太多太繁忙的工作所至。啪的一声脆响，灯光轻柔地消失，缓慢地，仿佛一位照顾孩子的母亲离去时那样温和，慈爱，留下不舍。啪的一声，啪的一个瞬间，啪的一声拍进我的胸腔，震撼我的心灵。

瞬间，一幅世间至臻完美的画卷，一幅父母之爱的画卷。我一直以来那样可怕而固执地误解瞬间，认为灯光是留给父母的，我只是有幸沾边而已。是瞬间，啪的一个瞬间让我明白了爱，一种如灯火般细腻无声的爱，滋润了我十三年。而我，又多少次拒挡于心门之外，伤害这种爱多少次呢？我不敢想象。瞬间，一个轻微的瞬间，既让我明白父母苍老疲倦的身影从何而来，又让我明白瞬间是多么流光溢彩。

瞬间，爱的瞬间，恍若一道划过记忆的彩虹，留下无限温情的回味。瞬间，一个爱的瞬间让我成长，瞬间，无数个爱的瞬间才构成我美好的童年。我懂得，总有一个瞬间那么短暂。对我而言，却亦是永恒。

📖 **评 语**

本文语言生动优美，如行云流水。思路自然流畅，娓娓而来，似佳肴美餐，令人沉思，给人回味，太享受了。全文以景衬情，情景交融，结尾妙笔生花，突显主题。

——宁利明

十、为你点赞

点赞，不止是一种网络社交方式，用心为自己身边的一切点赞，发现身边包括自己在内的所有美好，你会为这些所感动，你的心也会变得更加澄清、美好！

为中华民族点赞

2013级9年级9班　高　赫

前些时日，世界政坛上似乎硝烟四起，最为瞩目者无外中国。不畏一些国家的虎视眈眈，亦不畏一些国家冷嘲热讽，毅然兴办亚投行，取得了颇为丰厚的成果。不甘者也只能望而兴叹，而中国却似一个清瘦傲然的翩翩少年，丰神俊朗，拱手而笑。

中国就是这样一身风骨，脊梁坚实而挺拔，一步步迈过六十余载春秋。如今世界才真的知晓：东方的那条卧龙已然觉醒。

是啊，中华儿女有生而为龙的猖狂，骨子里都是不屈的气度。那些被列强侵犯的历史已然过去，炮火纷飞的焦土、铁蹄踏碎的残阳、染红旗帜的鲜血和响彻九霄的喊杀，都尽数被尘埃封进历史滚滚的洪流中，但中华民族将永远铭记这锥心蚀骨的痛苦，并将其化为前进的动力。

若除去一些败类，中华民族实在是一个极为优秀的民族。战争时期都一腔热血、一身铁骨，卑躬屈膝者引去厌恶，奴颜媚骨者引去唾骂，中华民族是不屈的民族，麻木苟活都令人不齿。

今日的中华民族团结一心，屹立在东方。泱泱大国，礼仪之邦——此乃中国。铮铮铁骨，正气浩然——此乃中华民族。

中华民族已有数千年的传承与历史，是四大文明古国中唯一一个延续至今的国家。每个中华儿女都是无比骄傲的，中华民族的魂魄与文化相互交融，从中国能看出中华民族那一抹清浅且坚韧的魂。中华的文化以时间作血肉，以智慧结晶为骨，注入中华民族魂，便是一抹惊鸿。

中华民族不需姿态，举手投足皆成风景。

似乎异国友人来访中国时总要被震撼，因为历史总让人敬畏，奇迹总令人惊叹，吃、穿、住、行皆自成系统。

就譬如说中国的"吃"，中华民族在这一个"吃"字上确实下足功夫，这才造就了舌尖上的极致享受。八大菜系平分秋色，每每入口都使人极尽欢悦。中华民族在美食方面有着惊人的发展，独树一帜，香气弥散开来，挑逗着整个世界的味蕾。

再说"住"，因中国实是地大人广，江南江北风土有异，人情不同，各自的建筑亦别有意趣。江南，柔美到一种境界的江南，它被古往今来多少文人墨客所眷恋。春秋软雨，流水人家，举目望去，家家白墙青瓦，绿树红花，檐角飞翘起惊人的弧度，瓦片上雕满工匠尽心而刻的古朴雕花——江南好，江南令人梦牵，尽然的秀雅。

江北便不同，看上去便是威风堂堂，平添出几分肃然来。沉稳雄伟，这便是江北的风景。木色幽然，屋顶平缓却也是一番滋味。

然而中华民族的风骨的极致体现，我认为是书法。字如其人，各人与各人的风格便为不同，宣纸铺开，上浓墨。毫端走，笔锋收，或凛然，或委婉，尽数纸上。

中华民族的优秀我想已无须多说，综上所述便可见一斑。今日中华民族早已不同往日任人欺凌，我们有最灿烂的文明，最悠久的历史，我们有最坚实的脊梁，最风雅的傲骨。中华民族逐日雄起，我们便用最好的姿态矗立东方！

我要为中华民族点个赞，全世界也都会如此，肯定中华民族，肯定整个中国。

评　语

你为中国点赞，我为你的文章点赞。洋洋洒洒文章充满正能量，浓墨重彩的几笔便勾勒出一个正在起飞的中国，语言豪迈，情感真挚。

——谢佳

为那片灯光点赞

2013级9年级12班　董文萱

"啪"——灯泡应声而亮，橘黄色的暖光溢出整个楼道。夜色正浓，使得这楼宛若篝火，给无家可归的人以依赖。

我抬眼望着灯光，仿佛望着金色的太阳。我默默地伸出手臂，大拇指挺出骄傲的形状，灯光默默映在我点赞的大拇指上，灼热得像太阳，烘烤得整个楼道温暖如春。

九年前那是四年级，似乎还是很小的时候。"哎哟！"我迎面和楼梯来个对吻，漆黑的楼道中回荡着我的惨叫。"吱呀"——昏暗处裂开一条橘黄色的缝隙，她浑身淌着暖光出现在楼道里，平凡的脸，一双有神的眼睛，清纯得像旷野上的星星。"没关系吧？"她急忙搀起我，我揉着肚皮，拉长了哭腔吼叫："讨厌死了！为什么不装灯，讨厌死了！"她脸上浮起一层绯红，似乎我摔倒了都是她的错。我看也不看她一眼，抽抽搭搭上楼去。但我想，她一定在黑暗中站了很久很久。

第二天，我心有余悸地踏进楼道，在黑暗中探索。"啪"——一片橘黄色的暖光霎时驱散黑暗，宛如一颗光芒四射的小太阳。我惊喜地拍手跳起来，她不声不响地开门，朝我微笑。"怎么，安了一盏灯吗？这可太方便了呀！"她只是安静地站着，像一株含羞草。

"阿姨，我为你点赞！"我高兴地涨红了脸，向她翘出大拇指。瞬间，她清澈的大眼睛里像燃起一片火把，又像绽开一片烟花。她双颊飞起红霞，望着我，那眼里混合了数不清的色彩，像雨后天上的虹。她的目光，像灯一样灿烂……

"轻轻的我走了，正如我轻轻的来。我挥一挥衣袖，不带走一片云彩。"我久久向灯光伸着大拇指，心中怅然若失。她就如徐志摩笔下的云，我没来得及和她告别，我只来得及向她的灯光点赞，亦是在向地点赞。

在这喧嚣的都市生活中，不知可有几人像她一样，默默地完成不属于自己的使命，再默默地离开。也不知能有几人，能为小小的事而触动，而奉献，不求回报，不求美誉，像她一样，如一盏沉默的灯，发光，发亮，燃尽生命。我为她的灯光点赞，便也是为那些为数不多的爱点赞，为那些赤诚点赞。

恍惚中，她站在灯光里，若隐若现。转身，全身流淌着暖光，清纯如星的眼眸中层层叠叠的笑容，像微风吹起湖面的涟漪，美丽无瑕。

那一刻，灯下的世界，光华璀璨。

那一刻，我的世界，春暖花开。

评 语

作者文笔细腻，字里行间流露出的情感是对"她"和她的"光"最好的感谢。精致的语言是你的长处，"她"的表情，"我"的动作，清晰地重现了这温暖的场面。文章以小见大，值得回味。

——谢佳

流年似水，人影匆匆

2013级9年级10班 刘梓昱

雨打芭蕉细雨，几度西风翩跹，人来人往的路上，又有几人能风雨同归？

——题记

一年复一年，一曲又一曲，日子就如平淡流水般过着，回眸，才惊觉，已过许多年。陌上花开，转眼处绿水人家，多美。时光流逝，年华似水，明明就像是昨天的回忆。如今，却早已不复存在，入眼，不过一片昏黄幽暗。

漫步街头，望着稚童明媚的笑颜，看着大人宠溺的举止，听着人群的嘈杂。青天白日，人潮如水，总觉时光如白驹过隙，流得太快，就像是暮年坐在炉火边回忆着年少点滴，有太多的感慨和无奈。往昔种种，皆浮于心头，幼年的童稚，少年的轻狂，长大的悲伤……一幕幕，印上心间，却终不过一场飞花逝水，空影如梦。

回首处，依稀处于脑际的，是同学模糊的面容，是老师课堂上的教诲，是下课时人挤人的操场，是铃响时同学们进教室的匆忙，是上课时窗外的喧嚷……但都看不清晰，听不清楚，似是记忆被稀释一般，我努力去抓，却发觉，时间已从指缝溜走了。

忽觉年少踪迹远，二三旧友仍比肩。一点一滴，尽是执念，一字一句，皆为当年，人生总是太多太乱，时间却又太急太短，浮生等不起，也记不住。

其实成长，有时是种经历，在历尽风雨后，我们都不复从前。就如那茶，初尝时苦涩，再而甘甜，到最后，冲得久了，也就淡了。渐渐，我们都淡了。掠影流光，弹指一挥间，一切都已成为过去。人来人往的世界，每天不断地上演着悲欢离合，唯愿那一点天际征鸿，踏过万水千山，奔赴而来。

人人都有自己的命运，有人说会是一辈子的好友，却不过只是过客而已，纵使再惋惜，也还是错过。我们，终究还是散了，走上了各自的人生道路。然而，不论是谁，都不曾也不会忘却那段轰轰烈烈的时光，那场一期一会的年少之游，那年恣意飞扬的我们。

谁忆一曲少年游，直至如今箫声舞，信步孤川，遥想当年光景，萧鼓楼船，一念旧梦难醒，一步一印，终成执念。

岁月苒苒，青烟生土，浮生一梦；残旧似火，树影斑驳，一朝梦醒，满目繁花。

往昔岁月，已成歌。

时间像水，悲伤着流了一夏。

——后记

评语

本文语境清新淡雅，如水墨江南，如诗如画。流年似水，人影匆匆，时间如一江春水，向东流逝不复返。语言优美，用词恰当。希望再加努力。

——师晓恒

读《邹忌讽齐王纳谏》有感

2013级9年级7班　冯　煜

春秋战国时期，诸侯争霸，弱肉强食。在那样的社会中，一个国家要生存、发展，当然离不开明君的治理，一个君主要成为明君离不开贤臣的辅佐，而一个臣子要成为贤臣离不开善于发现的"眼睛"。

两千多年前，齐国名臣邹忌正是有这样的"眼睛"。邹忌采用了日常生活中与徐公比美这一极为普通的事件作为进谏的突破口，生动而极具说服力地反映了"王之蔽其矣"这一情况，使齐成王坦然地接受了进谏。

邹忌所处的时代已与我们相去甚远，但他那善于发现的"眼睛"却是我们不可或缺的。我们的时代呼吁探索与创新，而发现则是探索的动机、创新的前提。

生活中要善于发现。法国的罗丹说过，"对于我们的眼睛，不是缺少美，而是缺少发现"。日本的川端康成能写出《花未眠》，就是因为他凌晨四点醒来发现了海棠花未眠的美，可见生活中的微小发现是他们创作的灵感。对于我们来说，善于发现可以增长经验，得到一些转瞬即逝的心灵感悟。

科学研究要善于发现。古希腊的阿基米德在洗澡时发现身体沉入澡盆时，盆内的水不断溢出，深入研究就有了今天的阿基米德定理。18世纪晚期，天文学家们发现天王星的运行轨道与理论值有极其微小的偏差，经过几代人的不懈努力，终于在1847年发现了海王星。发现是科学进步的力量，如果没有科学家们善于发现的"眼睛"，无数真理将不为人知。

学习中要善于发现。我们在学习中时时刻刻都要做个有心人。要善于发现适合自己的学习方法，要善于会发现书中精彩的地方、不足的地方、重要的地方、难懂的地方，要善于发现习题的解答思路以及其他解法……只有善于发现，才能自我提高，才能最大效率地利用书本，才能把别人的知识转化为自己的知识。

人在生命的各个时期、生活的各个方面都要善于发现，善于发现已经成为现代人才必备的素质，成为衡量一个人能力高低的重要标准。

人们常说发现用的是眼睛，事实上发现用的是心灵，是智慧。看到听到却不去思考、不去感悟是得不到什么东西的，走马观花式的观察是不会有所发现的。真正有价值的事物往往不会轻易露面，它会隐藏在世界的某个角落等着你睁大"眼睛"去发现！

评 语

文章由邹忌善于发现的"眼睛"，写出生活中、学习上我们要善于发现，才能有所创新，有所作为，全文说明透彻，见解脱俗，理顺意明。

——张小斌

文学的魅力

2013级9年级9班　董苗卿

任时光匆匆流去，我只在乎你，人生几何，能得到知己。

——题记

时光匆匆，物是人非。或许很多事物在时光的打磨雕刻之下早已变换模样，但在历史的长河中，唯有文学是永恒不变的，它正如我们的知己那般细致贴心。一阵阵墨香沁人心牌，一段段文字深入人心，或低沉或高调，都令人为之倾心。

文学的魅力是不可阻挡的吧！

"书中自有黄金屋，书中自有颜如玉"。曾经无知的幼童抱着一颗寻宝之心，踏上了书旅，翻翻找找，并未找到物真价实的黄金玉器，却觅到了一生挖掘不尽的财富，一位可以谈心的知己好友和一位知识如大海般渊博广阔的良师。作家赵丽宏说过："优秀的文学作品传达着人类的憧憬和未来，凝聚着人类的美好感情和灿烂的智慧。"而我也受益匪浅，文学带给了我一切，其中所包含的深情厚谊，雄心壮志，还有无尽的知识智慧，无一不让我折服。

文学对于人的影响是潜移默化的。刚开始接触时也许并不明显，可当时间慢慢地推移，文学的积累给我打下了厚实的基础。尤其在语文方面，它给予我很大的帮助。学习课文时总能透过文字的表面深入其中，得到超越文本的理解。

学习之余，我会独自待在家中，在文学的海洋中自由遨行，我的情绪也会随着故事情节、人物心理而跌宕起伏，或为之喜悦兴奋，或为之黯然神伤，或为之愤慨不平，或为之欢欣鼓舞。总之，文学的魅力如锁扣一般，深深将我锁住，我也心甘情愿深陷其中。"面朝大海，春暖花开"，我为海子简单而平凡的愿望而震撼；"弱水三千，任我只取一瓢"，我为贾宝玉真挚恳切的情谊而折服；"肠断白苹洲"，我为温庭筠思而不得的痛苦而痛心；"可怜白发生"，我为辛弃疾报国无门的悲凉而愤慨。时而欢喜，时而难过，完全陷入其中，与主人公共进退。

文学让我的知识面更加广阔，无论是细心品阅，还是如陶渊明一般不求甚解，终究只要读了，便会从中受益。在失落时品一品便会被鼓舞，重拾信心；在迷惑不解时阅一阅便会恍然大悟。

在我短短的人生中，时光荏苒，我只在乎它，而它也成为我唯一交心的知己。我坚信，文学是永恒的，它如一颗璀璨的行星高挂于空中，永不坠落，而它的魅力更是无人可挡。

细品文学，升华人生，让文学的魅力时刻环绕着你，这便是人生的真情。

——后记

评语

精致细腻的语言让你的文章锦上添花。文学是一个永恒的话题，让无数人为之折服。你的文学感悟让我们看到一个被文字深深吸引的女孩，愿未来的日子里，文学能温暖你的生命。

——谢佳

被文学点亮

2013级9年级1班　连　卓

在一张白纸上写下对你来说最重要的五样东西，然后设定一种不得已的情景，让你自己舍弃四样，只留一样。这个游戏想必大家在七年级的心理课上已经做过了。当时大家身临其境，老师的每一声令下仿佛都在昭示着大家都在一条不能回头的路口，艰难地徘徊在亲情、友情、物质与精神之间。终于，大家带着如释重负以及无限痛惜和遗憾的眼神，在一片恍惚中抬起了头，在浸透了汗渍的白纸上，杂乱的划痕中央，清楚而干净地写着：父母，每一张都是如此。所有人在亲情前，都垂下了头。作家毕淑敏也做过这个游戏，他们同一间房子里有的人竟在暗暗抽泣，而毕淑敏最终断然选择了"笔"来陪伴。这不能证明她没有感情，这充分体现的是写作与其成果所具有的魅力。文学的价值在许多人心中占据着无可顶替的位置，如行云流水一般，当功夫与思想渐渐汇聚到了一种境界，视文学为知己也不足为奇。虽然我还没有超脱到这一种境界，至少我现在更重视的是所有我爱的人，但我相信那种思想与感觉的存在，是因为文学的魔力，它带给我太多太多。是它，让曾整日嬉皮笑脸的我变得多愁善感；是它，让曾软弱的我变得坚定而勇敢；是它，让曾孤陋寡闻的我，享受于它的冰山一角之中。

鲁迅是文坛中德高望重的先辈。学习《故乡》时，我并没有多大感触，甚至觉得那是故作玄虚。有一天，路过小时候发小所住的院子，那里面承载了太多儿时的回忆，随着她的搬家，这段记忆也随之尘封了起来。我怀着一丝激动与期盼，踏进了大门。原来这就是熟悉的陌生感呀！门口的邮箱，已经锈迹斑斑；我们跑得大汗淋漓放风筝时留下的黄土脚印，也被塑胶连同那回忆重重压在了下面；曾经囚禁过可怜的小白猫的地方，也被枯枝烂叶遮盖得再也找不到可容纳一只小猫的缝隙；我俩因一方要远行而依依惜别的那个荒凉的墙角，也已变成了整洁的高墙白瓦。那个爷爷还在修整枯萎的花园，他是否还记得，数年前的一个夏天，有两个调皮的姑娘带走了花园里最美丽的两朵花儿？我有些失望，有些生气，为什么都变了？我儿时心中美得不能再美的院子，为什么掩盖了我所有的回忆？终于，我理解了鲁迅的心情，想必他在离开时，也和我离开这个小院的心情是一样的，是心的沉重，而忽然又找不到心在哪儿，被回忆抽打的我们，整个人都是昏沉的。我失望，但又不绝望。在许多年前，鲁迅的文采，让我可以去正视除那以外的生活中的许多事物。再者，李清照曾经经历了"物是人非"，而我现在只是"物非人是"，前人和古人留给我的文学精神，是这般值得我去借鉴和体会。

而现在，我喜欢三位文学巨匠，其中有两位是别人推荐给我的：周国平和毕淑敏，还有一位是我崇尚的写作风格犀利的龙应台。最近读他们作品的时候，我又感悟出了新的东西，那就是爱与恨。如果有人问我，你为什么喜欢一个人，我与他们的往事便像甘泉一般从我嘴边滑过，想要抓却抓不住，便一时语塞，也给不出个理由。但只要别人问我为什么讨厌一个人，他们的事情便像一潭淤泥，一抓一大把，讲起来毫不费力。这种感受也更加坚定了我对爱的偏向，爱的感觉是飘飘然，而恨却仿佛坠入地底下。所以，爱的境界更高。问我为什么爱文学，我也说不上来，至少它点亮了我的生活，如一股清泉，一直不断地，流向更远的地方……

评语

　　阅读文学作品有利于提高一个人的文化修养，增强知识面，提高审美能力；可以让人变得有涵养，有气质，有深度。小作者的生活中，文学已变成不可缺少的营养剂，愿你在成长的过程中摄取足够的养分茁壮成长。

——陈莉娜

为中国点赞

2013级9年级4班　李辰媛

近年来，各大网络平台上的"点赞"这一方式深受人们喜爱。"点赞"可以直观地表达你对某人言论的赞同或对某一事物的钟爱，"点赞"也似乎成了人们含蓄表达自己积极情感的代名词。

作为一个中国人，今天，我来为我生活了十五年的祖国点赞。中华人民共和国，一个多么令人振奋不已的名字，一个如此让我欢呼雀跃的称呼，我已经渐渐习惯于说：我是中国人！我为我是龙的传人而骄傲，我为我是中华儿女而自豪！

历　史

纵观中华上下五千年历史，有辉煌、有落魄、有顺利、有坎坷。但是，乐观总比悲观多，喜更胜一筹。在抗日战争中，中国人民奋力抵制日军，殊死拼搏，浴血奋战，"端起了土枪洋炮，挥起了大刀长矛"，枪枪打得鬼子魂飞胆丧，刀刀刺得鬼子哭爹喊娘！最终，日本鬼子被中国打跑，中国胜利了！在抗美援朝中，中国完全表现出了一个大无畏的大国形象，"路见不平一声吼，该出手时就出手"，维护了朝鲜的国土，表现出了热心、友好的形象。直到现在，中国在世界舞台上依然无私无畏，建交了许多国家。历史上还有许许多多中国的伟大事迹，数不胜数。

人　物

一方水土养一方人，中国地大物博，人才辈出。中国杰出的人才，那就更数不清了。有勇敢面对砍刀不低头的刘胡兰，舍身炸碉堡的董存瑞，人民的好总理周恩来，文学巨匠鲁迅等，包括现在的马云、潘石屹等人，都是给中国历史锦上添花的笔。在这里我想谈谈鲁迅，他在我眼里，他的作品和他如竹般贞洁高尚的人格深深吸引着我，他用一支笔，几张纸，在文学的战场上拯救着中国人的心灵，使中国这条东方巨龙在缓缓苏醒，他的文章强有力地抨击着人心，使我每次读来都有不同的感觉。

科　技

中国的科技，以迅雷不及掩耳之势爬上世界顶峰，随着人造卫星的发射，航空母舰的建成，我们不难看见中国科技的迅速发展。在科技方面，"两弹元勋"邓稼先，钱学森，包括"杂交水稻之父"袁隆平，都是大功臣。科技的发展，让中国强了起来，让中国有能力了，再也不是"东亚病夫"了！我们的中国在努力，我们的中国在进步，我们的中国会一天一天更富强！

教　育

近年，中国也开始狠抓教育，首先认清了教育是衡量一个国家的标准，一个国家厉不厉害，首先看孩子们是否都在上学。原先，农村的一些孩子因家穷上不起学，或者说没条件上学，只能在家放牛羊、干农活，长大后都成了"文盲"。国家意识到这不容乐观，立即给孩子们发补助，甚至免学费上学。现在，偏远的山村里也会传来阵阵读书声了，孩子们有学上，都很开心。原先，实行九年义务教育，初中完成后，一些学生因考不上高中而失学，流入社会，早早告别学校去辛苦工作，但是，学校才是孩子的天堂！现在，一些地区已经开始实行十二年义务教育，每个孩子都能上高中，继续自己的学业。你说，中国的教育，是不是蒸蒸日上？

中华人民共和国，正像一条巨龙一般飞驰，我相信我的祖国一定会更加辉煌！我骄傲，我是中国人！"国的家住在心里，家的国以和蠹立，国是荣誉的毅力，家是幸福的洋溢。国的每一寸土地，家的每一个足迹，国与家连在一起，创造地球的奇迹！"

"起来，不愿做奴隶的人们，把我们的血肉，筑成我们新的长城。中华民族到了最危险的时候，每个人被迫着发出最后的吼声：起来！起来！起来！我们万众一心，冒着敌人的炮火，前进！冒着敌人的炮火，前进！前进！前进！进！"

——后记

评　语

文章非常清晰地描绘出中国不同的发展侧面，字里行间洋溢着小作者作为中华儿女的自豪感！

——杜丽丽

十一、打磨人生

> 每个人都是一块璞玉，都是未经加工的钻石，而我们要做的，不是要好好保管自己，而是要将自己置于炎炎烈日下，风雨交加前，经受狂风暴雨的洗礼，才能闪闪发光，脱颖而出。

人生的棱角需要打磨吗？

2014级9年级5班　杨梦昕

每个人生下来都是有棱角的，可为什么，这个世界上，依然有那么多庸碌无为，就像掉进大海里的一滴水一样的人呢？

5岁·不规则多边形

"呜——妈妈，今天老师批我了。"我冲出幼儿园的门奔向妈妈，"她说，她说我画的太阳是黄的，草也是黄的这样画是错的。可我戴着爸爸的墨镜看到的太阳和草就是黄的呀。"妈妈摸了摸我的头，轻声对我说："老师没说错呀，大家都知道太阳是红的，草是绿的，你难道不这么想吗？"我似懂非懂地点了点头，只记住了一件事——老师说得对，太阳是红的，草是绿的。

那年我5岁，对这个方格子般程序化的世界一无所知，对任何事情都有自己的见解，讨厌条条框框的束缚，就好像一个不规则的多边形，个性突出。

15岁·正方形

"好了，今天就讲到这里，今天的作业是……"老师的声音在下课铃和教室里嘈杂的声音中几乎轻不可闻。我叹了口气，同学嘈杂是有原因的——老师有道习题讲解错了，结果本是 2，却因中间的一个错误导致结果与答案相差甚远。我相信不止我一人发现了，但大家都没说，我又何必要说？说不定参考答案是错的，老师讲的才是对的，反正大家都一样，我又何必与众不同？这么想着，我合上习题，心安理得地走出了教室。

那年我 15 岁，刚上高中一年级，已经和 5 岁的我完全不同了，九年的学校生活让我懂得，与众不同、特立独行并不是褒义词，反而随波逐流、附和众人才能使我收获更多的朋友，虽与大多数人一样，但这样的平凡又有什么不好呢？此时我已是一个正方形，生活磨平了我尖锐突出的棱角，我被生活打磨得渐渐圆滑，也渐渐平凡了。

35岁·圆

站在车来车往的幼儿园门前，我心中盘算："今天领导开会时说要这样这样，可他前两天不是还说应该那样那样吗？况且按照他说的去做岂不是工作要烦琐许多？管他呢，反正照领导说的做就好了，得罪领导肯定没好果子吃。"

这年我 35 岁，参加工作 10 年，与学校生活不同，真正踏入社会的我被生活敲打得体无完肤，生活的齿轮最终将我打磨成了一个圆。我世故，我圆滑，这些虽不是什么好听的词，但它们让我在工作中如鱼得水，反正不都是这样？巴结领导，讨好同事，这才是升职加薪的关键。至于能力，你不世故圆滑，谁会认可你的能力？又何必与领导唱反调，提出自己的见解？我这么想着，对自己清醒的认识洋洋得意。

突然女儿从幼儿园门口跑出来，哭着说："妈妈，今天老师说我的画画错了，可我戴爸爸的墨镜，看到的太阳和草就是黄色的呀……"我突然愣在原地。太阳、草、黄色、红色、绿色……这些都在一瞬间浮现在我的脑海。这么多年，我被生活打磨成一个圆，表面上似是成功了，可像我一般的人这世界上应该不计其数吧？

是啊，我们生来都有自己的个性，它们就好像棱角，有时会使我们受伤，同时也令我们与众不同。为什么要做大草原上最普通的一棵草？为什么要做掉进大海中再也找不着的一滴水？我们该坚持自己，不应被生活狠狠地打磨，更不应该成为平庸世故的人中的一员，要有自己的个性，要做出自己的贡献，因为——

这个世界正是因为不同而精彩纷呈！

作文以小标题的形式阐述了人的个性因年龄的增长而逐渐被社会泯灭的过程，所选案例典型，且有较强的说服力。作文结构清晰，说理透彻，是篇不错的作文。

——张莉

宝剑锋从磨砺出

2014级9年级11班　裴嘉琪

玲珑剔透的宝玉前身只是一块平淡无奇的石头；光彩夺目的钻石前身只是一块普普通通的金刚石；锋利耀眼的宝剑前身只是一块随处可见的金属。它们历经了什么，忍受了什么，才最终成就了自己最辉煌的一面？是的，是在工匠手下忍受着阵阵刀割，是在暗无天日的火炉中，在烈火的摧残下不断煎熬。最终，它们褪去了灰暗的外衣，露出了历经磨难后最光鲜亮丽的一面。人们观赏着它们、赞美着它们，为它们华丽的外表而痴迷，为它们华贵的气质所倾倒，可又有谁会在乎、会留意它们历经磨难时的艰辛与不易？

磨性——我肩负着责任

三年前的我，只是一个懵懂、幼稚、什么都不关心的小孩。我会耍小性子、撒娇、无理取闹，我被父母宠上了天，是我行我素的小公主。直到爸爸出事的那一天，我仿佛一下子长大了。看着爸爸被救护车带走，看着7岁多的妹妹还浑然不觉地看着电视，看着妈妈满脸的泪水和绝望的眼神，一瞬间，我感到责任的重担无形地压在了我的身上，我停止了哭泣，故作镇定地对妈妈说："你放心我会照顾好妹妹，照顾这个家。"从此，我仿佛成了这一家的女主人。妈妈没日没夜地往医院跑，照顾妹妹、做好家务成了我一天的首要任务。此外，学习、送饭、招待亲戚……一大堆事情忙地我喘不过气来。我不再乱发脾气，只会对着憔悴瘦弱的妈妈说："放心，有我在。"我不再撒娇、耍小性子，只会对哭着要妈妈的妹妹说："乖，听话，有姐姐在。"我不再逃避自己的责任，而是对亲友们说："没事，一切都会好，这个家还有我在呢！"

爸爸出院后，一切都好了起来，只是我从一个懵懂的孩子成长为一个可以独当一面的小大人。

静心——学海无涯苦作舟

初三的学业，如此的繁重。大家好像说好了似的，都一个劲儿地，拼了命地往上赶，在老师的威言激励下，在同学之间的角逐竞争中，学习，成了一个巨大的压力，压在了我的心头。我开始变得敏感、多疑、焦虑、害怕失败。可是这就好像是一个死循环一样，我越害怕，越焦虑，我就跌得越惨，失败越多。不过，我不甘心，我不服气自己会败给自己，我深知对于我来说最大的敌人其实就是自己。我渐渐地开始将心沉静下来，寻找错误的根源，追寻胜利的曙光。慢慢地，我开始在学习中找到了乐趣，在竞争中找到了快乐，在老师眼神中找到了肯定。我能够坦然面对任何一次失败，能够直视任何一个错误，能够排解任何一种消极的情绪。我，又找回了自己，甚至战胜了自己。

不断打磨，你才能成为最好的自己

人生漫长，只有经历过种种磨难，只有在艰难与险阻中保持一颗坚持不懈的心，只有在失意与苦痛中仍然坚强，勇敢，最后造就的才会是一个最光辉、最灿烂的人生。

如今，15岁的我已懂得了背负自己应背负的责任，懂得了如何调解学习、生活中积累的负面情绪。打磨，使我逐渐从一块平淡无奇的石头变为玲珑剔透的美玉。宝剑锋从磨砺出，梅花香自苦寒来，只有在磨难中造就的人生，才会成为真正光鲜、靓丽的人生。

评语

没有不经历磨难就随随便便可以成功，我们不应该只看到成功的光华外衣，更应该看到其背后的付出与努力。作者用自己的经历深刻阐释了奋斗对于成功的意义，只有不畏艰辛，方可见到更美的未来，打造自己的成功人生。文章主题鲜明，语言凝练，是不可多得的佳作。

——马佩霞

有温度的话语

2014级9年级11班　陈潍青

"你好吗？"

数不清多少次多少人对我说过这句话，也记不得我对谁说过多少次这句话。但每每听到，每每说起，心中总有那么一瞬，好似一股暖流缓缓流过，就要融化了满心的冰雪。

那是一个寒冬，北方的大雪纷纷扬扬，凛冽的狂风肆意地刮着，天地一片茫茫，万物归于沉寂。而我，告别了这一切，开始了我的江南之旅。

巴黎已成为人们公认的浪漫之都，可在我心里，江南才是最浪漫的地方。它的浪漫不仅是因温润的气候带来的安静，闲适，更是一种中国传统古典的浪漫。我想古人说"江南好"也是因此吧。

怀着对江南的向往，我来到了这里。一切都是那么美好：舒适的气候，画般的美景，还有温柔的当地人。可偏偏，一场大雪降临了！这突如其来的变化，如一记大铁锤，沉重地打击到了我。雪阻挡了道路，我被困在了所在之地，无处可去，无人可求助。于是，悲伤、恐惧如汹涌的洪水，在我本就幼小的心里兴风作浪，翻天覆地。我怕，好怕！泪水不知什么时候已默默流下……

忽然，电话响了，是妈妈！我连忙接起。"宝贝，你怎样，还好吗？"不知为何，妈妈的问候给了我莫名的勇气。我挤出了微笑，说："妈妈，别担心，我没事。导游姐姐把我照顾得很好。"我笑了，这是发自内心的笑，是觉得有了依靠的欣喜，是增加了勇气的自豪。我走到窗边，向外远眺，又笑了。原来，雪中的江南，更美……

时光飞逝，转眼间，我长大了，所以，分别也接踵而至。她活泼，开朗。我文静，内敛。性格上相反的我们，却成了最亲密的朋友。她说，我听；她做，我想，无须更多。但……我们要分离。

太阳照旧东升西落，向大地播撒光明；江河照旧奔向大海，为人间带来滋润；地球也照旧公转自转，遵循着宇宙的定律。可我的生活，不再照旧了。

我们的最后一面，是在火车站。她哭，我也哭。终于火车要走了，汽笛声变得更加刺耳，人潮也更加拥挤。就这样，她去了远方。

很久后，我给她打去电话。我沉默了许久，问："你在那边好吗？"她答："我好得很，你也要保重。"于是眼泪一下子涌出，挂掉了电话。后来她说：我问她"好吗"的时候她很感动。我笑了，心想，我也是。

"你好吗？"

"我很好。"

人生不知会说多少次，听多少次这样的话。看似简单的六个字，包含了太多。每次听到或说起，无论是多么冷血的人，内心都是温暖的吧。所以，珍惜和你说这两句话的人。他们，是真的关心你，他们，也是真的爱你。

评语

简单一句"你好吗？"让作者在面临大风雪无人可助的情况下露出了笑容，同样的一句"你好吗"让作者听到后泪水涌出。人间的很多真情都藏在这些看似简单的话语里。文章描写很细腻，故事娓娓道来，感人至深，结尾也点明中心，含蓄隽永，意味深长。

——马佩霞

古典浪漫是我的一张名片

2014级9年级1班　崔圣苇

"锦瑟无端五十弦，一弦一柱思华年。庄生晓梦迷蝴蝶，望帝春心托杜鹃。沧海月明珠有泪，蓝田日暖玉生烟。此情可待成追忆，只是当时已惘然。"

这是一首我极喜欢的诗。不知为何，每每当我捧起诗书，读到她时，就仿佛被带到了李商隐所创造的那个"一花一世界，一叶一追寻，一曲一场叹，一生为一人"的美好世界中去，那里有"一入侯门深似海，从此萧郎是路人"的伤悲，有与那位"巧笑倩兮"的青梅少女之间的爱恋之情，有与"身无彩凤双飞翼，心有灵犀一点通"的红颜之间的默契缠绵……

从此，我便爱上了一切能唤醒我的少女情怀的古风作品，并且久久地荡漾在其中，无法自拔。

同时，我也一样沉醉于有点虐心的古典电视剧。有一段时间，我沉迷于《宫锁心玉》中无法自拔，只是因为一首引发我想入非非的浪漫小诗"你见，或者不见我，我就在那里，不悲不喜；你念，或者不念我，情就在那里，不来不去；你爱，或者不爱我，爱就在那里，不增不减；你跟，或者不跟我，我的手就在你手里，不舍不弃。"

当晴川离开四阿哥时，她消失在星空之中，然而她却忘记了，四阿哥早已喜欢上了她……

这首诗呈现在银幕上时，我悲伤得差点落泪，之前总是为四阿哥的风流潇洒而着迷，而今却为他的落没身影而心痛。

我爱江南的柔媚婉约风格。常常幻想自己是江南水乡的女子，在春雨中似微风飘逸，浸润青山绿水时，撑上一柄油纸伞，轻轻地踏在青石板上，背景窈窕婀娜，亭亭玉立。转眼间，便是明眸皓齿，让人无端想起"汀花岸草，佳人微花，眼波横注"来，这时，便有"知慕少艾"的想法了。如果愿有一人，可以是白衣卿相，手握横笛，乘着乌篷路过，那么便是一场旷世情缘了。那么，撑伞在青石桥上擦肩而过，同乘乌篷在河中渡过，即使不是浪漫而唯美的风雨，也是幽美而煦丽的诗情画意罢。在江南的细雨如丝中，乱了谁的忧愁，又扰了谁的思念，去回忆那地老天荒与海誓山盟。

愿寻找一方山水的静雅，掀过帘外轻风的柔媚，笙歌墨咏，在江南的小镇中袖手而立，看一蓑烟雨任平生，拂落了世俗的尘埃，回忆谴绻的旧事在月亮的辉映下渐渐清晰，望那肆意泼墨书写着千年前的风花雪月。细磨一纸砚香，填一阕相思词，斜倚在玉枕榻上，摇一柄团扇，手把琼浆，在日落暮色中，在斜风细雨中，绘出倾世风流……

愿岁月静好，留得我的古典浪漫永久不逝。

评语

　　文章中引用诗句可谓信手拈来，可以窥视到作者扎实的诗词积淀，散文化的语言读来更是清新静雅，虽未见其人，但一枚古典儒雅的女子形象已显现出来。文章描绘的唯美意境具有极强的代入感，佳作一篇。

——张莉

给自己一个金陵梦

2015级8年级11班 李芝彤

生在冷酷纷乱的世界，处在多争势利的玩笑中，我要给自己一个金陵梦。

"一个是阆苑仙葩，一个是美玉无瑕，若说没奇缘，今生偏又遇着他，若说有奇缘，为何心事终虚化。"好一场梦，回荡千古；好一群人，薄命惆怅。

"机关算尽，太聪明，反算了卿卿性命，生前心已碎，死后性空灵，家富人宁终有个，家亡人散各奔腾。"有人说，你是无情；有人说，你是尖酸，是势利。而我要说，你是身在烂泥中的鲜花。你远嫁来此，在这个腐朽的家族中虽表面显赫，实则伤感。为了在这个家中立足，你抛弃来时的温顺、贤良，你用柔弱的身躯，还贾府一片井然。是泼辣，是无情，是严声厉色，成就了你。是乱世的朽节，是人心的凉薄，你的好强和放诞，让你这个"自小便当男孩养"的小姐成了心狠手辣的女强人。我为你不值，你对夫君的爱却遭人唾弃，你对这个家的付出与不舍，是万般珍视，过分怜惜，"枉费了意悬悬半世心，好一似荡悠悠三更梦"，你的结局让人惋惜，又万生感慨，"忽喇喇似大厦倾，昏惨惨似灯将尽，啊呀，一朝欢喜忽悲辛，叹人世，终难定，终难定"。

"霁月难逢，彩云易散，心比天高，身为下贱。"她的辛酸，尽数于一声声的辩驳与直挺挺的腰杆中；她不甘困于封建礼节的束缚，是一只彩雀，被囚于冰冷坚硬的铁笼中，用柔软的双翅，一次次搏击着拴笼的铁索，一次次与顽固的"三从四德"斗争。她的心酸，她的悲恨，她年轻的玩笑，灵巧的双手，病中夜补金雀裘，从撕扇的笑声中，从那"水蛇腰，俏肩膀"的背影中，看到了她的坚强，她的情意。"风流灵巧招人怨，寿夭多因诽谤生，多情公子空牵念。"

"根并荷花，一茎香，平生遭迹实堪伤。"眉心的红痣，银盘的面容，水葱似的手指。你的美貌似天上飞仙，你的心性纯良多情，襁褓离亲，辗转被卖入薛家的你，坚强，温顺。你的和善与执着，在学诗时的痴心与渴望，让我看到了一个非同一般的女子。在繁节的压迫与夫君的暴行中，你香魂一缕，终返故乡。"自从两地生孤木，致使香魂返故乡。"

"秋花惨淡秋草黄，耿耿秋灯秋夜长，谁家秋院无风中，哪堪风雨助凄凉。"她的苦情愁絮赛飞雪，她的百转柔肠为"他"断。痴心的她，多愁的她，"清泪飞香篆"，善良的她不忍看落花入污处，"独倚花锄偷洒泪，洒上空枝见血痕"。她在病中憔悴难行，却独坐窗边叙情思。她的爱深藏而人未知，她的心也只等那个"从小一处长大"的人来抚慰。"抛珠滚玉只偷潜，暗撒闲抛却为难。枕上袖边难拂拭，任它点点与斑斑。"

"花谢花飞飞满天，红消香断有谁怜。明媚鲜妍能几时，落絮轻沾扑绣帘。"你独倚花锄，为花伤感，为花怜。对你的纯洁、善良，你小小的心思却终未如愿，你不愿"他"，清洁的人儿落入浊世，也不愿"他"被官场的腐败失了"呆呆傻傻"的痴心逆愿。你不甘生活于繁节之中，单纯的你是"重露繁霜压纤梗"。大婚之夜，你的心碎成了一片片，你的肠断成了一寸寸。你楚稿奠情，将那三块旧帕子，一张张在大观园中，姊妹兄弟玩笑，却不失真意的诗句随火而逝。那一晚，你真的回去了。"侬今葬花人笑痴，他年葬侬知是谁？"

"想眼中，能有多少泪珠儿，怎经得秋流到东，春流到夏。"我的金陵梦，亦是曹公之梦。金陵的人儿情愁爱恨牵动着我，也牵动着无数心怀痴意的人，才"演上这怀金悼玉的《红楼梦》"。

评 语

小作者用自己独特的视角，灵动的笔触，再现了"大观园"中人物的悲欢离合、情仇爱恨，文笔犀利，见解深刻，语言精练，值得仔细品味。

——杜雅丽

总有一种感动围绕你

2015级8年级10班　董玉玲

慈母手中线，游子身上衣。临行密密缝，意恐迟迟归。

——题记

（一）空气中的母爱

有一种爱最令人感动，它就像下雨时，青草头上那鲜翠欲滴的枝叶；它就像，松鼠的宝贝尾巴；它就像雄鹰丰满的羽翼；它就像鱼儿两侧的鳍；它就像……它是我们一生中最不能缺少的东西，是对我们最重要的东西，它是世界上最神奇的魔法，有了它，再大的困难也不怕！但它却有一个极其富有诗意和优美的名字——母爱。

早晨，天还没亮，有一个身影却比太阳还起得早，悄悄打开厨房的灯，开始做早餐。这时正在睡觉的我似乎闻到了空气中有一股甜甜的味道。啊！是妈妈的味道。

晚上写作业时，看见妈妈正在仔细认真地为我织毛衣，看到此情景，我不禁想到了《游子吟》中的慈母，满满的感动已经溢上我的心头。我又嗅到了空气中暖暖的味道。

望着乌云密布的天空，听着震耳欲聋的响雷，低飞的燕子向我们传递着下雨的信号。果然，不一会儿大雨倾盆。放学了，我漫无目的地走着，心中却燃烧着一种希望，不想失望的希望。我看见了黑压压的人群，当中有找寻我的那个人吗？我不敢抬头张望。突然，一只温暖的手拍了拍我的肩膀，我惊喜却又似乎早已预料到，我回头，是妈妈，我一把抱住她喃喃地说："就知道是你，怎么才来啊？你看我都淋湿了！"我嘟着嘴，可心中却早已开满繁花，坠入幸福之河。这时，我又闻到了空气中酸酸的味道，可心中却跟吃了蜜一样甜。

空气中的母爱，甜甜的，暖暖的，酸酸的，而我就被这空气中的母爱围绕。心中的感动已化为千言万语，却不能言说，只能意会，深深地埋藏在心底。

"你是荷叶，我是红莲，心中的雨点来了，你是我心中遮挡的荫蔽。"

（二）提篮春光看妈妈

我看见了你那斑白的两鬓，我看见了你那眼角的皱纹，我看见了你那苍老的双手……我知道，这些都是为我付出的结果。时间是一把刀，它刻在我母亲脸上的痕迹，让我辛酸，我痛恨时间！母亲啊，你为了我付出了多少，你为了我浪费了多少大好年华。傍晚劳动的你，像河畔的金柳，是夕阳中的新娘。

我想把这篮春光送给妈妈，我想让它抚去你眼角的皱纹，我想让它染黑你两鬓的白发，我想把它放进你心间，让你的心永远朴实无华。

是啊，总有一种感动围绕你。当你感到幸福的时候，你是否发现了那与你一起幸福的人；当你感到难过的时候，你是否发现了那温暖你的阳光。感动，感动，是一瞬间心灵的颤抖；感动，感动，是心中永远的悸动。

有一种总围绕我的感动，它叫母爱，叫妈妈。它时时刻刻围绕着我，缠在我的心头。我希望它永永远远围绕着我。我心中的感动就像那春光，你对我的爱也像那春光。我们之间春光无限，繁花似锦，希望我能永远沉淀在这彩虹似的梦中，永不醒来。

春光，我喜欢你，只因为，你像妈妈对我的爱……

谁言寸草心，报得三春晖。

——后记

评 语

文章的前半部分是甜蜜，后半部分是酸涩。如空气的母爱弥漫在字里行间，甜是因为妈妈的爱，酸也是因为妈妈的爱。小作者美丽的愿望亦是为着这一份爱。诗性的语言，对经典文句的化用，文章在真情之上更精致。

——颉东丽

十二、走过，才明白

走过了春花烂漫，才明白"迟日江山丽，春风花草香"；走过了夏日烈阳，才明白"水晶帘动微风起，满架蔷薇一院香"；走过了秋雨绵绵，才明白"空山新雨后，天气晚来秋"；走过了冬雪腊月，才明白"风吹雪片似花落，月照冰文如镜破"。其实，在我们的生活中，有些路，走过，才明白；有些事，做过，才懂得；有些人，爱过，才珍惜。

给自己一个诗心

2016级9年级2班　王玉桢

今人不见古时月，今月曾经照古人。

岁月千百年来在历史书页上记载变迁，沧海桑田只在一瞬间，唯有春花秋月，夏雨冬雪，亘古不变。诗心即是如此。春有二月和风、润物细雨，夏有绿槐新蝉、映日荷花，秋有明月青天、满城金甲，冬有晚来欲雪、新桃旧符。"年年岁岁花相似，岁岁年年人不同。"细数红尘中的美景与美好，即是诗心。

陶渊明有"采菊东篱下，悠然见南山"；苏轼有"雪沫乳花浮午盏，蓼茸高笋试春盘，人间有味是清欢"；黄庭坚有"人健在，且加餐，舞裙歌板尽清欢"。此三人的清欢在花、在食、在欢宴，而我的清欢，在一份诗意、在一颗诗心、在一腔诗情。

怀着一颗诗心，读漫卷诗词，我看到了很多，也明白了很多。李白"呼儿将出换美酒"，以"谪仙人"自称，胸怀剑胆豪情，不为贬谪所烦忧，因为"且乐身前一杯酒，何须身后千载名"。杜甫"亲朋无一字，老病有孤舟"，却能为国家胜利而"漫卷诗书喜欲狂"，甚至"安得广厦千万间，大庇天下寒士俱欢颜"，心系苍生，忧国忧民。苏轼被贬黄州，"有恨无人省"，但仍愿"会挽雕弓如满月，西北望，射天狼"，仍"一蓑烟雨任平生"，仍制东坡肉，造福一方百姓。从这些诗人身上，我知道了什么是潇洒，什么是爱国，什么是乐观。

可在如今快节奏的现代生活中，每一天都是光怪陆离，每一天都会斗转星移，我们不免会有疑惑：诗词诗心，到底有什么用？网上有段话这样说："读诗词，大概是让你看到如此美景，不只是会说一句：'哇，有鸟！''哇，好美！'而是会说：'落霞与孤鹜齐飞，秋水共长天一色''大漠孤烟直，长河落日圆'。"而我也这样认为：读诗词，能让我们从美的角度感触这个世界，能让我们在忙碌中"暂得浮生半日闲"，能让我们穿越历史，去感受鸿雁素尺的柔情，金戈铁马的热血，能让我们在红尘万丈中保有一颗赤子之心。

给自己一颗诗心，人生还很长，不忘初心，诗酒趁年华！

📖 评 语

小作者的诗心清纯明洁，将生活的种种寄托于诗词。在诗句里读出那份美丽与悲凉，以第三人称的方式亲切而真实地呈现在读者的面前。时光会流逝，可是，在这篇文章里，文字承载的深情却从未离我们远去。

——马佩霞

走过，才明白

2016级9年级9班　唐　婧

五千年前，我们和古埃及人一样直面洪水、肆虐翻涌，在大江大河的中下游开启着世界文明。

四千年前，我们和古巴比伦人一样玩赏着世界上最精美的青铜瓷器。

三千年前，我们和古希腊人一样思考着，诞生了一大批影响了世界历史进程、其言行早已植根于民族灵魂的思想家。

两千年前，我们和罗马人一样四处征伐，南掠北荡，开疆拓土，在华夏民族的基础上不断融合吸收形成了汉族。

一千年前，我们比不可一世的阿拉伯人还繁荣富足，文化、科技等都进入历史最繁盛的时期，经济总量更是占世界多半有余。

现在，经过近两百年的贫瘠，我们再次站起来，在全球化的浪潮下，和美利坚人一较高下。

同一盘棋，五千年了，我们一直在和世界上的强者博弈着，只是现在另外几个玩家早已不知到哪去了。

这就是我们的中国。

中国人始终有着不紧不慢的智慧。《西厢记》打头的"这厮便是陈实""这厮便是"就是语言中的白话，可若去了这白话，便也就少了这音韵之美了。这是民族从容雅致的体现。正是凭着这份不紧不慢的从容，中国才步步留下坚实的足迹。唐诗宋词元曲，中华民族从文字起，就展示出自己傲人的一面。独特而完备的语言文字体系，使我们的文化在受众多外力进攻的情况下，仍绽放出了自己的光芒。这智慧上至朝堂下至百姓，从姑娘手中的平安结，到园林艺术的尽善尽美，从未缺席过。我们走得不快，但步步铿锵有力。

中国人有着不屈不挠的脊梁。我们屹立在世界之巅过，也曾绊倒于地上，眼中含泪。是的，我们曾经一时的忍让，迎来了列强欺凌，他国战火。又是那心不齐，开启内战，百废不兴。然而呢，一个民族总有一些压不倒，亵渎不得的。于是我们倚着剑站起来了，吞下口里的鲜血，挥剑在这斧头劈开的天地里除杀恶秽。十年"文革"我们推翻了，认清了实践是检验真理的唯一标准。改革开放我们开始了，各行各业活力四射。氢弹造起来了，外交强起来了，这是中国脊梁的觉醒。他们埋头苦干，不计牺牲，又或为民请命，不辞劳苦。他们拼命硬干，以一己之力造就辉煌，大国工匠精神由此应运而生。最后再问晓前尘世事时，他们只淡淡一句"值得"。我们走的崎岖，但从来不悔。

中国有着傲视群雄的雄心。"数风流人物，还看今朝"，今朝沉睡的雄狮已然苏醒，那我们就必屹立于世界东方。但我们是清醒的，从加入联合国到成立亚投行，从金砖国家到一带一路，我们的目标不只局限于眼前。我们要的，是这百姓黎民不受战火！是这有义之人终得好报！是让那些，因饥饿而逝去的生命，少一些，再少一些！是这泱泱大地，终能减少战火！

天破了我们自己炼石来补；洪水来了，不问先知，自己挖河渠疏通；疾病流行，不求神迹，自己试药自己治。在东海淹死了就把东海填平，被太阳暴晒的就把太阳射下来。谁愿意做挑拣的石子就让他去吧，谁愿意做匍匐的羔羊也让他去吧。斧头劈开的天地之间，到处都是不愿做奴隶的人。这是我们！

我们会昂首继续走在征程上。

 评 语

这篇作文乍一看从结构上不甚明了，但纵读全篇，小作者心中的这一份安排却是自有丘壑。文章中通过中国上下五千年的对比，大量道理论证的手法亦为增彩。本文内容非常有深度，语言极富哲理性。充分显示了小作者的思想深度和学识的丰富。

——马佩霞

给自己一个期盼

2016级9年级6班　贾歆迪

期盼变成参天大树，树苗才能努力汲取水分，拼命生长；期盼变成一片湖泊，小溪才能招贤纳众，壮大自己；我们有了期盼，有了动力，才会勇往直前。期盼，像是一束光，而你我，都是追光奔跑的孩子。

我期盼成绩会有所提高。我的理科较为薄弱，每当数学成绩出来时，爸妈总是用一种"恨铁不成钢"的眼神瞪我，我羞愧极了，努力去学。遇到难题，焦头烂额，在心里一遍遍推算公式，豆大的汗珠从额头流下，时而写写算算，时而又看看天花板，终于，经过了二十分钟的努力后，我茅塞顿开，奋笔疾书。心中的那份期盼，带我学习，一直向前，坚持不懈。这份期盼，为我带来的是努力后成功的喜悦。

期盼，成为我走向成功的动力，成功却成为爱我的人的开心锁。从小，我跟着外公外婆长大，他们对我非常宠爱，爱我的黏人，爱我的调皮机灵，甚至爱我的无理取闹。我爱吃零食，每次去超市都撒娇让外公给我买，外婆见每天跑来跑去太麻烦，索性为我准备了个"百宝箱"，将一切好吃的都塞进去。后来，我去远处上学了，她却仍有这个习惯。在一个洒满金光的傍晚，我窝在沙发上跟外婆视频，"佳佳，我又买了一包薯片，给你装箱里！"外婆乐呵呵地拿出薯片，炫耀般地在眼前晃晃，佝偻着背去找箱子。我望着外婆慢悠悠的步伐，苍白的头发，听着她苍老而轻柔的声音，不知怎的，鼻头一酸。"哎呀！找到了！"外婆小心翼翼地从桌子底下搬出箱子，好像里面有什

么宝贝。"快过来帮忙！"外婆在呼唤外公。他们把箱子放在桌上，一样一样取出"宝贝"。"这是饼干，这是干脆面……唉佳佳，你怎么哭了？"看着外婆细数"宝贝"，我再也忍不住落下泪来。"没有啊，哈哈，只是沙子进了眼。"我匆匆告别，关了视频，再也忍不住号啕大哭起来。从那以后，我便立誓一定让外公外婆高兴，努力学习，提醒他们天冷多加衣……我不愿看到他们失望的样子，听到他们沉重的叹息。这份期盼为我带来的，是更近的亲情和更坚定的决心。

我期盼着惊喜，所以用喜悦的心情去迎接下一秒；我期盼着下雪，所以每个冬日的清晨跑到窗边左顾右盼，被冷风吹着也不在意；我期盼着有个美好生活，所以奋斗拼搏，博学多才，为以后打下基础；我期盼美好明天，所以排除负能量，对未来充满向往。

我一直在给自己或大或小的期盼，所以我一直追光奔跑。有了这些期盼，我的生活不再无聊、单调，它是我不竭的动力。期盼，是我旅途的指示灯，跟着它，我将前往星辰与大海。

评语

期望是我们心中最美丽的邂逅。有了期望，我们便确定了人生的方向；有了期望，我们便拥有了梦想的翅膀；有了期望，我们便懂得了努力的意义。小作者将内心的情感层层推进，并选取了与外公外婆的生活片段来表达期望对于走向成功的重要性，这一点非常可贵。语言平实自然，行文舒展，情感充沛，是一篇佳作。

——马佩霞

走过，才明白

2016级9年级6班　裴若玲

踏过红尘路途，留一抹沁人芳香，幽隽且长。

——题记

悟空·悟

"我乃花果山山大王是也，石猴显灵，你那天兵天将能奈我何？"这是孙悟空在花果山被哪吒等人围困时的豪言。可是，如此狂妄自大与放荡不羁的神猴被五指山压了五百年后，仍是本性不改。

在《西游记》中，悟空常被称为顽猴，他待人无礼，常以"蠢猪，呆子"来呼唤猪八戒，他在西天取经的道路上，经常一马当先，不管不顾，不知体恤同伴与师傅，他性情暴躁且又高傲，一言不合便出言顶撞，甚至要打道回府……

可我们也看到他的改变。在探妖洞之前，他会事先为师父等人画地作圈，嘱咐并安顿好师父，他的毛躁逐渐退去，而耐心将其润色；在"三借芭蕉扇"的时候，即使那猪八戒是牛魔王变的，他也会放下警惕："八戒，我来助你也！"……在这一路上，他褪去了急躁的外壳，放下了自傲的身段，将内心的火焰逐渐熄灭，取而代之的却是那一方清泉，最终取得真经，他也得到了心灵的洗礼。直至这时，他才明白躁与莽所升华得到的最高境界，才明白一路苦难所启迪他的静与虔诚。

宝玉·空

"这位妹妹我好像在哪儿见过……"这是宝玉初见黛玉之时所发的怔怔之言。初读这句话时，只觉得这是宝玉单纯发叹的话，可再读，"宝玉半晌立着，只瞅着黛玉瞧，似呆住了般"，就似觉宝玉有些痴了。

他痴于女子，痴于宫闱趣事，痴于诗画，痴于山水，却唯独不痴于书本与仕途。在那个以"考取官名，富于仕途"为目标的封建社会下，宝玉却对其极其厌恶与痛恨，也算是一股清流了。可除了黛玉，无人解他。他被父亲逼迫，王夫人逼迫，宝钗逼迫，本来已对这些人厌烦不已，便也无从理睬。可后来众姐妹相继出嫁，黛玉凄死，大观园被抄，家族败落……这种种变故，使宝玉越来越痴，似傻了般。后来他终于考上了举人，可却出了家，与那跛脚道人一并去了。可见他的痴念已被他悄然理顺，那些红尘仕途上的人他也不再留恋，心中已然变得空，看淡一切，抛与舍即为空。

一条路，一座山，一片荆棘，只有你用心，用足，用一切走过时，才会明白它的曲折，它的雄伟与它所带给你的洗礼。

摇一叶扁舟，留微微波纹，悠然且长。

——后记

📖 **评 语**

　　本篇文章选材新颖，构思精巧。小作者以"悟空——悟"和"宝玉——空"为切入点，描写了生活的种种无奈与种种心动。也许当有一天，我们走过了整个人生，才发现生活的波岸，守护我们的人一直都在。文章最后总结了全文，既令人回味无穷，又让人恍然大悟，不失为一篇佳作。

——马佩霞

走过冷漠，才明白人间需要爱
（墙消失的十二秒）

2016级9年级7班　坚　炻

　　那是一个凛冬的早晨，太阳总躲在云后，若有若无地撒下一缕阳光，所带来的温暖瞬间便被寒风所吞噬了。整个大地仿佛正被刺骨的凛风所统治，唯有在人群上空可见一缕呼出的白气，象征着冬日里最后的温度。我正在一个公交站台下准备乘车回家，可即便是帽子、手套、热奶茶的"全副武装"，也不禁冻地两颊通红。

　　在车站的不远处有一个乞丐，人们很容易注意到他，因为他在这样的天气里却只穿了几件单薄又粗糙的布衣，正在一个快要碎掉的瓷碗后跪着，嘴里向路过的人们念着什么。卑微的姿态，可怜的模样。我注意到他蓬头垢面的样子，稀疏的胡子以及那一身打了补丁却依旧漏风的衣服，我想去帮他，却又怕被周围的人们当作"另类"。有一个中年人经过那个乞丐旁，老乞丐正用微弱颤抖的声音乞讨着，可中年人依旧目视前方，看到乞丐，他的脚步仿佛加快了几分向前"冲"去，可这时，意外发生了。

　　第一秒——中年人裤脚不小心带起了瓷碗，"啪"的一声，瓷碗碎了。

　　第二秒——瓷碗中褶皱的几张纸币经寒风一吹，飞向了空中。老乞丐反应过来想要去追，可也许是冻了太长时间，身体想要起来却瞬间摔倒在冰凉的地上，挣扎着起不来了。

　　第三秒——周围的人群挤了过来，中年人似乎也意识到了什么，转身向老人扔下了50元钱，喊了一声："真倒霉！"便一边咒骂一边离去了。

　　第四秒——人群开始议论，什么态度都有，我也不由自主地走了过来，挤入人群，学着周围人的模样冷眼观看。现在的人们习惯在自己的心里筑起一道墙，好让自己免受欺骗和伤害，虽然纷争避免了，但人的心也冷了，硬了……此刻，一颗颗心筑起了一道冰冷的墙，在这寒天里散发着丝丝寒意。

第五秒——老人挣扎着想要爬起来，可浑身不住的颤抖和长时间的饥饿把他"摁"在了地上。我准备离开，可回头时似乎看见了老人眼角的晶莹，我的心仿佛被重击了一下，呼吸开始不顺畅。

第六秒——一阵寒风吹过，空气似乎又冷了几分，周围的人们依然在进行着他们的正义演出。

第七秒——我终于忍不住，快步走向老人，把热奶茶递进他怀里，双手扶着老人向周围大喊："拜托，帮帮他吧！"

第八秒——没有人回应，空气仿佛真的形成了一堵冰墙，将我们与周围的人隔绝开来。这一刻，我体会到了老人的绝望，我恨不能将这墙凿穿，但无可奈何。

第九秒——有人喊："难道大家就这么看着吗？"

第十秒——终于人群奔涌了过来，有人扶起老人，有人捡回了钱，有人送来了不锈钢碗，有人给老人披上衣服……

第十一秒——人们纷纷对老人伸出援手，老人愣了一会儿，脸开始涨红，嘴角不停蠕动，同时一堵墙轰然倒塌。

第十二秒——云层散开，露出了久违的太阳。光的热让空气变得温暖起来，温暖在心底蔓延，融化了心底的寒意。

经历风雨才会成长，经历离别才懂得生的可贵，经历了人情冷暖，我才知道这世界需要爱，这个世界还有爱！

评 语

在人生的每个阶段，我们都拥有无法忘却的温暖和难以忘怀的风景。本文作者通过对一个冬日里乞丐的描写，运用细腻的笔法，看似在写世间的冷漠，实则表达了世间的温情长存。结尾一段寓意深刻，深化主题。如果能引用格言作为论据，文章会更加非同凡响。

——马佩霞

走过，才明白

2016级9年级12班 李奕璇

　　我曾一人独走条条空巷，却始终无法将你寻找；我曾艰难穿越茫茫人海，却只能彷徨而无措，失落而惆怅。走过古镇的木桥，望见那清澄的月光；走过僻静的街道，对着寒窗冷巷倾诉衷肠；走在夏日的海边，期望一阵晚风，把心事吹进尘土；走向通往未来的路上，我们迷茫又坚持，无措但欢唱。

　　顾之涵是在17岁那年，第一次在人生的道路中停止不前。生活的重担和学业的压力使她的身心遭受着巨大的磨难。家门外，是老师们的殷切希望和同学们的密切关注；家门内，是瘫痪在床的奶奶。抬头是破旧的门和窗，低头就是一沓沓密密麻麻的医药单。顾之涵受不了了，她决定以一场意外来结束自己年轻而又脆弱的生命，顺便还能让奶奶得到一笔不菲的赔款。2027年圣诞夜那天，花季的少女走在港城那条最繁华的大街上，四周的人群流动得飞快，亦如之涵儿时短暂的幸福，来无影又去无踪。港城是A国最发达的城市，科学家们在这里搞科技研发，医药学家来这里研制"长生不老药"，失去了亲人的可怜人来这里的造梦工厂复制出虚拟的亡亲。这里有全国最富有、最幸福的人，可此刻的之涵却显得与她周围的世界格格不入。她不明白，为什么生活的重担要担负在她的肩上？她还那么小啊！为什么每当她满怀希望地奔跑时，生活却又把她一次又一次击得遍体鳞伤？为什么？她有太多的为什么了。"喷"的一声，世界的声音戛然而止，之涵如愿以偿地笑倒在了一辆跑车前，在生命的最后一刻，她闭上了双眼，泪水终于溢出了眼眶……

　　"欢迎进入造梦工厂，你的编号：0101。"沉睡了多年，一种机械的电子音忽然传入之涵的耳朵。"你是谁？我……我又怎么会在这儿？我不是已经——死了吗？"之涵惊奇地问道。这时，一个衣着光鲜的女人走进来，对着之涵那双充满疑惑的眼睛答道："很抱歉，三年前是我撞了你，作为赔偿，我把你送到了造梦工厂。可你自己却始终不愿苏醒，所以我就用一些强制手段将你唤醒了。但是，今后你要不要继续活下去，还得看你自己的选择。""我自己的——选择？"之涵问道。"是的，现在造梦工厂会给你三个月在人间的时间，如果说你在这三个月内，走出了心里的那道障碍，你就可以重获新生。

你，愿意吗？"“新生？我又要回去了吗？”之涵心想着，可当她想起家中年迈多病的奶奶时，还是狠下心，点了点头，说道："好，我愿意一试。"

在回到人间的三个月里，之涵放下了所有的重担与负担，她第一次感到——生活，原来可以是这样美好的。2030年的暖冬，之涵发现奶奶之所以瘫痪，是为了救差一点儿丢掉了性命的自己，所以照顾奶奶也是她义不容辞的任务。此月，之涵了解到，父母也在东城辛苦工作着，当他们满载而归时，却发现家中只有只剩一口气的老母亲，他们像发了疯似的满世界找，却怎么也找不到他们心心念念的宝贝女儿。最后一个月，之涵被小偷偷了钱，却在警局中被警察告知，那个小偷家里有一个生了病的老母亲，而他因为容貌丑陋，处处遭人排挤，找不到工作，只能靠"偷窃"度日。

在人间的最后一天，又是圣诞夜。这天路上，她又来到了三年前自己"死"去的那条街道，只不过，现在的她多了些释怀。她抬头发现，不远处的路牌上写着一句话："生活很苦很累，有些路也只能一个人走。可走过去之后呢？迎接我们的将是光明和幸福。"

"咚咚咚"，零点的钟声响了，之涵原以为自己会像那个女人说的那样消失，可是并没有，她知道——她成功了，她越过了生命中那道注定历经艰难的坎儿。

20年来，之涵第一次笑："啊！好了！我还要回家吃饭呢！生活，也还得继续……"

几十年过去了，在一座小房子中，一个小姑娘靠在一位老妇人的左肩上，问道："奶奶，为什么我什么都没有？为什么我一点儿也不幸福啊？"老妇人笑道："孩子，这才是生活啊！每个人都有一份独一无二的东西，也会得到相应的舍取。不是所有的好运只会撞向一个人啊！"小孙女眨巴眨巴小眼睛，若有所思地点了点头。

在生活中，我们一定会遇到一条又一条纵横交叉的路。在十字路口处，你与我、我与生活注定相遇，生老病死、坎坷困难也注定都要经历。有的人，告别过就忘了；有的路，走过才会懂得。一路中，无论你遭受了多少磨难、阻碍、不甘、愤懑，都请坚定不移地走下去吧！生活这条大道啊！走过，才可明白……

📖 **评语**

小作者以梦幻的笔法去描写了"之涵"的生死别离。在生与死、别与离之间，我们可能才会真正明白什么是珍惜。其实，人间到处都是风景，只要我们用心去体会，世界总会对我们温柔以诗。文章结尾点题，意味深长，情感表达极为丰富。

——马佩霞

笑颜·英雄

2016级9年级12班　武家妮

待繁华落尽，待烟花四起，我愿牵着你褶皱却温润的手，一起漫步于你所钟爱的醇白郁金香的花丛间，一起在旷野中隆起的小丘之上，仰望灿烂、闪烁着的星空……

——题记

近日，吃早饭的闲余，我仔细地瞧了瞧母亲的容颜：两鬓不知何时新增了那么多银发，眼角的丝丝皱纹也深了不少。不晓得是长大了的原因，还是察觉出时光的白驹过隙，总之心里有点替她难受，酸酸的。我也时常叮嘱她，要少操劳，皱纹是越发多了，而且平时不要总像小孩似的开怀大笑。可每次我像个长辈一样关心她时，母亲却总是会习惯性地一笑而过。如今想起来，也正是她每次强忍劳累，忧郁而挂起笑颜时，总会让我忆起母亲所受的苦，就如一团散乱而乌黑的发丝般缠绕在我心里，解不开，忘不掉。

我的母亲，今年快四十四岁了，她已经经历了好几次"鬼门关"。我有时与她玩趣，时常揭起衣服，细数着她腹上的疤痕，轻轻触碰那隆起的伤口，总会心头一颤，就仿佛我刚刚也经历了一番。大大小小加起来，一共六处，可每当我又有些鼻酸时，母亲还是会轻抚我的脸庞，抿嘴一笑，轻描淡写地道一声："没事，妈妈不是你，动不动就哭，我可坚强着呢！"于是一次次又使我破涕为笑。

妈妈最深的一道疤痕是生我和妹妹时留下的。父亲时常逗我说："你呀，别老是气妈妈，当时要不是怕憋坏了你，妈妈才不会选择剖腹产生你呢！"我知道，这是玩笑话，却也是真的，我不重，而且妈妈年轻时身体好，身材也不胖，顺产毋庸置疑是最佳选择。可是，在即将生产的那一刻，大夫忽然发现胎位不正，母亲决定不让她的孩子受一点苦，承担一丝风险。我如今所能想象得到的是她下定决心时坚定而勇敢的面容，却根本无法想象她对着刺眼灯光的心情，无法想象她被冰冷的针尖扎入背部的痛苦，更无法想象她被手术刀刺穿皮肤的战栗……这一切一切都是我无法想象，也不敢想象的。而如今提起这一切，她还能脸挂笑容。母亲的确有着令我难以想象的坚强。

后来，她看到我遇到别人家小朋友就发了疯似的欢喜的模样，便下定决心，绝不让我的成长历程孤单无依，她说："我和你爸爸陪伴不了你一辈子，可有了弟弟或妹妹，你们就能相依相伴，互相扶持一生，所以就算再苦再痛，妈妈也不会后悔！"就这样，为了生妹妹，她的肚子上又添了一道新的伤疤。

我的母亲时而唠叨，却从来对我不乏呵护与关爱；时而对我要求严格，却从未严厉地批评过我；时而不理解我，可却从未忽视过我的感受。也许她和其他人的母亲一样，很平凡，可是，我的母亲在我眼里却是英雄，是乐观向上的模范。

"等妈妈老了，你会像如今我待你这般好吗？""妈，我会尽我的一切像您细心呵护我一样加倍爱您……"

——后记

评语

　　文章中小作者把母亲看作自己的英雄，用朴实的语言表达了自己对母亲深深的依恋，衬托了母爱的感人。母亲的爱，婉转深情，像一条长河，它不是荣华富贵，不是锦衣玉食，它是来自母亲的无私奉献。文章结尾以歌颂"英雄"总结全文，首尾呼应。

——马佩霞

走过，才明白

2016级9年级4班　黄雨涵

　　人生就是一场旅行。走过山川田野，领略自然风光；走过街市阡陌，感受世俗万象；走过任性自我，磨砺青春锋芒；走过困惑迷惘，把握前进方向……走过，才明白。

　　青春，是一段跌跌撞撞的旅行，无论好坏，都是我们一生中最难忘记的时光。为了不枉费我们美好而又珍贵的青春，我们努力在青春时期不留遗憾。

　　曾经，我有一段十分绝望与颓废的时期。父母劝慰我，老师鼓励我，同学帮助我，可都未把我从这深渊中解救出来，青春时期的我真的要经历这些吗？这真的是必经之路吗？这些问题常常出现在我们的脑海中，但我却毫无头绪，我不知道怎样回答，更不知道怎样去说服自己，因此导致我学习成绩严重下降。那时的我胆小又懦弱，我无法勇敢地面对这如巨石般的打击，内心既恐惧又害怕，我好怕以前那个疯疯癫癫的自己会消失在我的生活里，我更怕失去所拥有的一切。那段时间，我发现自己好脆弱、好敏感，对身边的一切事都感到厌烦，直到她的再现……

　　她是我生命中不可或缺的一部分，没有她就好像我的世界没有了氧气，随时都会窒息。她是我人生中第一位真心对待的人，她陪我走过最无助、最绝望的时光。无论那时的我有多自卑，无论那时的我有多懦弱，无论那时的我有多讨厌，她都始终陪在我身边，她接受我所有的小脾气，包容我的一切不足，而她也了解我的所有。这一路走来，我对她产生了一种很强的依赖感，我更感谢她拯救了我，慢慢地，在她的陪伴下，我走过了自己青春旅行中的必经之路，现在想来，这未必是坏事。在那期间，我想了很多，我的问题得到了完美的答案，我的生活由雾霾天气转为晴天，我的生命留下了使我永远无法忘记的时光，虽然过程艰难，但只要有她的陪伴，一切都仿佛没有那么糟糕。

　　我更深刻地感悟到那句话："走过，才明白。"走过青春的迷茫，才明白"柳暗花明"的真正含义；走过人生的低谷，才明白李白《行路难》的具体感受；走过困惑和迷茫，才明白生命中的指明灯是有多么重要。转眼间，初中三年快结束了，初中的青春也将要与我挥手告别了，走过这三年，我真正体会到辛苦而又快乐的滋味，使我懂得珍惜青春，保护青春。

　　无论是曾经的困惑迷惘，还是初中三年的快乐时光；无论是迷惘中的孤独，还是有她的美好，都要自己去感受。自己走过的路，才明白其中的滋味；自己走过的路，才会使自己成长；自己走过的路，才会明白不留遗憾。

评语

　　每个人都拥有青春，青春是短暂的，却可以留给我们深刻而美好的记忆。作者通过对自己青春叛逆的描写来表达了自己对于青春的无比珍惜。文章构思巧妙，想象丰富，描写细腻，内容新颖，极具吸引力。

——马佩霞

老李的故事

2016级9年级4班　李　航

一

老李从单位的楼梯上连滚带爬地摸索下来，骑着电瓶车跌跌撞撞地冲向医院，在漫长而痛苦的等待之后，还是等来了他最害怕的两个字："难产！""可能要转院，家属签字。"老李却异常坚定，已经做好了赶往省城的准备，就在这时，他听到了孩子的哭声。确认妻子平安无事后，曾经高考落榜都没落一滴眼泪的老李在产房门口哭得像个孩子。

二

"闭嘴！"我在老李面前狠狠地摔上房门，仍然怒气未息，我又将手里的外套狠狠地摔向地面，老李火爆的脾气完美地遗传在了我的身上。

没错，老李是我的父亲。

记不清这是第几次和老李吵架了，自从上了初中，家里就一直因我和老李的"战争"而硝烟弥漫。老李工作很忙，时常不在家，就算在家也是因工作疲劳而沉默。他除了与母亲的三言两语，与我几乎无话可说，但他每次与我沟通时都是心平气和地开始，面红耳赤地结束。每次争吵，他都会扬起手臂吓唬我，我也会毫不示弱地捏紧拳头，摆出在学校与别人打架的姿态，这时通常是母亲冲出来把我推开，老李则是叹息着转身离去，含着怒火，强忍着我的无礼与失控。

也许像我们这样性格的两个人，根本无法沟通。我和老李渐渐变得疏远。

三

偶然有一天，我在路上看到一个小学生在马路上摔倒了，那男孩在大街上放声大哭，他父亲仿佛天塌了一般冲过去安抚男孩，而男孩却生气了，生马路的气，大哭大闹……

我愣住了，回想起了自己小时候在楼梯上摔倒，腿上划了一道很深的口子，而老李却只是回过头，愣了一会，直视着我的眼睛说："站起来。"我没有哭，没有大发脾气，而是拖着流血的小腿继续跟在他身后。

四

学校的运动会被一阵突如其来的浓烟打断，附近的道路上有一辆载有化学用品的罐车出了事故，燃烧后生成的浓烟弥漫了整座城市，在有毒气体的笼罩下，人们各自奔散，仿佛末日降临一般，给人一种朝夕不保的感觉。

从体育场出来，我接到了母亲的电话："用袖子把口鼻捂住，"她嘱咐道，我感觉她语气有些慌乱，"你爸来接你了。"

我本来想说 "让他别来"，但想了想还是算了，周围的人各自奔散，我用不屑的眼光盯着他们，"切，有什么大不了的"，我心想。烟雾越来越浓，看清来往的车辆都很困难。

终于，我辨识出了老李被浓烟包围的车。而眼前的景象令我目瞪口呆：来来往往的车辆都紧闭门窗，而老李的车却车窗大开着，开着双闪，右门上有一道又长又深的划痕，刮掉了一大片漆，我无法想象平时开车慎之又慎的老李这一路都经历了什么。

眼前的老李已不是我熟悉的老李了，平时深不可测的表情，此时却不知所措。他的头发支棱在头上，外套下还穿着睡衣，眼睛里布满血丝，不顾车窗透进的浓烟，大声呼喊我的名字，如果不是因为要开车，他会光脚冲来的。

我一上车，他迅速地开大风力，吹散烟雾，然后闭紧车窗，还递给我一个医用口罩，自己却什么也没带。

我觉得有些哽咽，想说些什么，却又不知道怎样开口。

于是，我又一次什么也没说。

五

我逐渐意识到，老李已经无力再和我争吵了，他已经告别了年轻的自己，偶尔从母亲那听到只言片语，老李的老寒腿复发，行走困难；他的后牙几乎要脱落了，疼得不能咀嚼；老李下定决心戒酒了……

老李不再熬夜加班，不再靠咖啡提神，不再参加应付不完的饭局，甚至不再 "一口气将面粉扛上楼"。

我注视着坐在躺椅上，昏昏欲睡的老李慵懒、苍老的背影，不断告诫自己："他是我的父亲。"

六

父爱对我来说一直很抽象，但我知道，有老李在，我就还有机会去了解，但时间的流逝，却在剥夺这机会。

终有一天，带着流血的伤口重新爬起来的我，要离开老李的注视，走上自己的路，我不愿去想象那一天，因为我知道我无法面对。也许我们都有自己倔强的性格，这就使老李的父爱注定不会有任何亲密与肉麻的表现。

但这使我变得坚强，我也必须坚强。

我做了一个梦，还是自己摔倒在楼梯上，老李站在我身旁，我带着伤口爬起来，咬紧牙关继续向前走。

老李没有跟上来，他微笑着站在原地，向我挥了挥手，注视着我。

我转身向前，但没有哭。

评语

亲情是人类最深厚、最挚爱的感情之一。这篇文章充满了激情，从字里行间能体会到作者的感情，全文层次清晰，语句流畅，以具体的事例，朴实的语言，新颖别致的写法，表现了对美好的亲情的由衷赞美。表现出作者对于"亲情"这一话题的深刻思考。

——马佩霞

走过，才明白

2016级9年级4班　温　暖

烟花绽放前是什么样的？我不知道。但，我会竭尽全力，让它开出我希望的模样。

——题记

磨平棱角

曾经的我，锋芒毕露的令人反感。也许，像我这种人，早为世界所厌恶了吧。

　　我会在别人失意的时候打抱不平，不管一旁他人惊异且尖锐的目光；我会在屡见不鲜的恶性事件发生时，在旁人噤若寒蝉的视野里，激愤地大声谴责；我会在敢怒不敢言的压抑下，第一个推开桌椅转身离去……自鸣得意的我，全然不知旁人愤怒郁结的心情。小小的我，哪里明白心中所不屑的条条框框呢？我只会用自己幼稚极端的方式，来抒发内心的情感。

　　如此的直言不讳，自然会招来祸端。当听见别人的闲言碎语时，我依旧会锐利的反击，再在别人面面相觑的视线里转身离去。任性、敏感、骄傲，我从来不在乎旁人的目光，本着"走自己的路，让别人说去吧"的心态，我决绝地把自己与旁人隔离开来。他们是地球人，而我，是火星人，生来相克。

　　直到我在有心事想倾诉时，却找不到一个人；我在最无助的时候，也没有一个肩膀可以依靠；在心情糟糕时，也只能一个人撑伞走过落雨天……我不甘、恼怒，气的是没有人肯与我并排泥泞而行……我从愤怒中冷却，进入内心。内心是白夜，光源微弱。我穿着铁鞋，在吊桥上踌躇徘徊，桥上全是尖尖的岩石，它们见缝插针，不可容纳一点东西，哪怕是光。于是我坐下来打磨岩石。

　　一点，一点，随着棱角的光滑，岩石也不再那么坚硬，落脚也不是那么艰难。石头不再肆意划破指尖，渐渐柔软。忽地，一阵风吹来，我抬脚向前走去，竟走出了内心。我明白了，原来啊，只有打磨内心的棱角，光才能透入，才能懂得接纳他人，才能懂得包容之所在。只有走过内心的岩石，才明白包容的真谛。

勇于追逐

　　从小，我最渴望的莫过于成为一名钢琴家。我明白这不可能，因此也埋藏了这个愿望。这自然也与不肯付出有关。

　　每次上钢琴课，总是害怕回课。答应老师与父母要好好弹，但总因不坚定而放弃。每当打退堂鼓时，总以各种借口来敷衍自己。敷衍过后却又是无穷无尽的煎熬。害怕批评，惧怕指责……更重要的是不敢直面内心。内心那个单纯又卑微的梦想已成雪被下沉眠的幼芽。

　　终于有一天，老师忍无可忍。那一次的钢琴课，布置的所有曲子都要回家重弹。我无奈，心里沉甸甸的。

　　回家后仍是重蹈覆辙。早已"麻木不仁"的我，哪还在乎所谓挨批呢。

　　随意翻开某年的日记簿，稚嫩的字迹跃然纸上。

"明天就要开始学钢琴了，好期待呢。喜欢雪白的琴键，喜欢飞舞的音符。加油吧！'不违了本心便是'。"往后再翻，便已是空白。忽地心中有些惘然，喜欢钢琴，究竟值不值？

不违了本心便是。

心中已有些许明亮，像是找到灯塔的光。

我重新坐在钢琴旁，轻抚琴键。这，便是我前进的方向。虽然有些累，但那是值得的。

值得我用心去爱，去走过困难，披荆斩棘，明白自己的心。

遇见灯塔的尘埃

人生，就是一场说走就走的旅行。

有位朋友，她热爱旅行，去过许多好玩的地方，但有一次回来，她不断搜集关于灯塔的资料、图片。

我不明白，心里暗笑。她也笑，说："给你讲个故事。"

"我去了海滨，那里有一望无际的大海。晚上，我偷跑出酒店，去看大海。

"大海一眼望不到头。我沉醉着、惊叹着，不知不觉却找不到回酒店的路。我慌了，大声呼喊，却没有一个人。心，在一点点发紧。

"忽地，海上亮了起来。一点一点，湿润的暖光照亮天际。我感到自己像一粒尘埃，漂浮在光中。像尘埃遇见灯塔，刹那间为那美丽的光所迷惑。我不再慌张，顺着来时记忆中的路向前走，逆着光走。

"父亲忽然出现，紧紧抱着我。我只是看着灯塔，看那醉心的光环。光芒浅浅，我不禁热泪盈眶……"

我听着，也是深深震撼。有光的地方，就不再害怕。

我们走过。走过，才明白光的意义。光是源，是心。面对光芒，便能找到前进的方向。出发去找答案。

也许有的时候，我们曾迷途、曾困惑、曾失去、曾流泪、曾任性……就像海上的小船，失去方向。但是，请坚信——

光在你的身后，陪伴你、引导你。光有时会不一样，但坚信光还在，但永远不会迷途。

我们走过，才明白许多。永远不要忘记自己的清白、迷惑、犹豫。路还很长，怎甘心走了一半就先输给自己？

走过路途，才明白自己的抉择与本心，永不泯灭。

最简单的却往往最难以到达，我们总是被生活牵绊，最主要的是被那颗无处安放的心所左右。在得失之间迷茫，在未知之间恐慌。难得小作者能够以敏锐的眼光接近真理，但并不失去对生活的热爱。行文洋洋洒洒，对比的清晰中，读来如沐初阳。

——马佩霞

走过，才明白

2016级9年级1班　李孜凡

因为感受过红墙黄瓦的震撼；领略过万里城墙的蜿蜒与壮丽，才体会到日月有京城、路途有梦想的美好与留恋。

——题记

小时候，北京在我脑海中的概念仅仅是祖国的首都。那个时候的我，没有梦想，没有方向，是一朵漫无目的随意飘扬的落英，只顾眼前风景独好。但也就是从那时开始，我慢慢与北京相识相知，于是种下梦想，将一份又一份浓厚的热爱之情奉献给这座城市，将汗水与血泪浇灌在理想的土壤上，渴望着终有一天梦想成真。

我对北京的热爱犹如夏日清晨旭日涌出海面的激越，是那种想要征服星辰大海的豪情与果敢。我痴迷于北京无限姣好的黎明，整个城市的边缘都被渡上金边、镶上温暖，慵懒的阳光徐徐穿行过乔木的枝丫，胡同道里的准备早餐的声音唤醒沉睡的首都。那些心怀梦想拥抱未来的人们早已收拾好行囊，在北京这座城市去闯出自己的天地，在蓝天白云下行过车水马龙的广场，走过脱离快节奏生活的老城，去体会刹那间的宁静，才能发现北京如同小孩般带着红颊、嘟着小嘴的可爱。我痴迷于北京城的古韵。"三面湖水四周山色，一连松翠十里荷香"是颐和园夏日媚影的一瞬；"长下一白，唯长堤一痕"是圆明园内冬日肃清的一刻；"月落乌啼霜满天"是香山秋月唯美的一角。纵使前途四海与八荒，北京也能用这些惊喜牵走我迷途的双眼，带我找曙光的乍现。我曾初梦紫禁城感受万里宫殿中神迷传说，我曾初步南锣鼓巷体会黑瓦白墙中的历史回忆。我的人生是一本书，而北京的一切就是我书中笔墨浓厚的数篇传记，我的人生是包揽美景的图画，而帝都就是这画中的光。

也正因为行过北京数十次，我才明白我的梦想的根源。我期待如田晓菲般"不顾头上白发苍苍，依旧如十六岁少女般依偎在她湖光塔影的胸前"，能够如陈赓一样在燕园前吟咏诗歌。她们就是我的动力，是我乘长风破万里浪的航行目标。我小心翼翼地守护着梦想，但也任由其经受大风大浪，"风越大声越甜"如同站在极颠的小鸟也不曾向命运乞讨半分。终有一天，诗与远方将替代我如今眼前的苟且，也将不顾厚雪满山翻过太行，也将不顾冰块堵塞渡过黄河波涛。

正因为行过北京数十次，才明白信心的矗立与勇气的坚韧。我不再畏惧失败与困难，而是勇敢相信"天越暗的时候越能看见星辰"，也接受人生数百次的郊游与远行。

"行到水穷处，坐看云起时。"走过，才明白！

![评语]

本文取材于真实生活，自己由刚开始对北京的想象过渡到自己去过北京几次后的所思所想，通过细节的描写，将事情描绘得形象生动。由北京的历史文化联想到了自己坚持梦想的永不言弃和不懈努力，难能可贵。结尾，言简意赅，意犹未了。

——马佩霞

走过，才明白

2016级9年级1班　王　娴

走过高楼林立，灯火辉煌，看过城市高空中绽放的烟花，然而一个峰回路转，拉我走过雨后泥泞的烟柳人家。

——题记

第一天，崭新的天空

"你看！窗外的天空好蓝啊！"在前往乡间的大巴上，邻座的姑娘欣喜地赞叹着。"哼！有什么好看！"我不以为然。前些天，父母要去北京学习，想着无人照管的我，才急忙联系了老家的姑姑、姐姐来接我。

从小在城市娇生惯养，享尽王室般生活待遇的我好似一下落入了生活的谷底，受到冷落、敷衍，心里有一种说不出的愤怒、怅然若失。

在乡间尘土飞扬的土路上，大巴行驶得并不顺畅，一会儿一个急刹车，一会儿一个加速，搞得我恶心、难受。更糟的是，车行驶到一半突然出现了故障，受不了汽油味的我不满地跳下车，步行走向姑姑家。

背着沉重的行李，忍受着空空之腹的饥饿；头顶上一个火红的太阳像在嘲弄我——你太狼狈了！田野间的小虫也不甘示弱，竭尽全力叮咬我，弄得我浑身奇痒无比。

感觉走到腿快脱离身体，太阳也开始西下，才远远看见有一高一矮两个人冲我朝手。我奋力奔过去，迎接姑姑和姐姐身上的粗布印花衫和一口浓厚的乡音。这一天，快点结束吧！

第二天，疲惫的麦地

"喔喔——"一声尖利的鸡鸣声把我拉出了美梦。"可天还没亮啊！"我有些埋怨地质问姐姐，此时她已经穿戴整齐。"如果不早一点走，活干不完！"她十分有把握地说。

于是我开始穿衣、起床，带着牙具、毛巾，我来到没有水龙头、没有镜子的卫生间，顶着一股臭味，胡乱洗了脸便跑了出来。

早点是玉米饼和鸡蛋，完全没有香味啊！硬如石头的干饼，半生不熟的鸡蛋，把我差点吃吐，还好有我自带的面包，才勉强吃饱。

要上山了。姐姐带我去除麦地里的草，姑姑去城里买东西。走着走着，山越来越陡，我的腿脚已酸痛无力，唇焦口燥，而炎炎烈日也加入欺负我的队伍，让我拽着姐姐的衣襟才得以来到麦地。然而我惧怕草里的蛇和虫子，所以只是远远地站着。从山顶俯瞰四周的山、河，仰望湛蓝的天空和半缕半丝的薄云。山脚下的小镇，是那样渺小，而这山顶，却这般无穷大。是啊！是大山哺育了城市！

最后一天，分别大山

重新坐上那辆大巴，我要回家了，心中有些激动，也有些感慨。

走过，才明白，是真的，不见大地的伟大，怎知人类的渺小？城市的烟花不是最完美的，而乡间的柴米油盐才是最伟大的。

走过，方才明白，是大山哺育了城市，是城市哺育了我，我生生世世，与亲爱的大山生死相依，不离不弃。

走过，见过，不变的，是那片山顶上空烂漫的星辰海……

评　语

语言朴实自然，情感丰富真实，结尾点题，意味深长。生活的小事体现出大的人生哲理，生活不是缺少美，而是缺少发现美的眼睛，让我们做一个细腻的人，捕捉身边最美的风景。

——马佩霞

开出不朽的亲情之花

2016级9年级1班　张颖旻

随着你的一声啼哭，手术室的门渐渐推开，家人激动的泪水和逐渐放松的心情，那时的我心中五味杂陈，百感交集……

都说亲情是这浩大世界中最能给予你力量和温暖的情感，我曾经也茫然过、好奇过，亲情的力量给我带来了什么？但今天你的出生，那一刻我心中的疑惑渐渐清晰了，有了答案。

在我小升初临近考试的前一个夜晚酣然入睡时，妈妈被送进了医院。第二天清晨，我被外婆叫醒，交代了几句就匆匆把我送进学校了。虽然外婆说妈妈没事，让我不用担心，可是这一天我一直提心吊胆的。开始考试了，眼睛盯着数学试卷，可大脑始终无法聚焦在题目上，好长时间之后忽然想起妈妈之前说过的话："这次一定要考出好成绩，就是给妈妈最好的生日礼物！"我使劲甩甩头，让自己集中注意力去答题。我一口气答完试卷，铃声终于响了，我火速收拾书包，跑出了校门。跑到医院门口我看到花店，买了妈妈最喜欢的百合花，冲到了病房。一进门看到妈妈苍白无血色的脸，鼻子里插着氧气管，旁边放着心脏监测仪，顿时我泪如雨下，妈妈急忙招手让我到身边去，告诉我她没事了，手术很顺利！这时我一颗悬着的心才放了下来。

在爸爸的指引下，我才注意到病床旁边的小床里有个素未谋面的"小熟人"——"妹妹"，我好奇地打量着她，说："这个小不点可和我一点都不像。"妈妈却笑着说："觉得很丑吧，你刚出生时也是这样的！"

妹妹回家不久，我就感到不悦了，因为家里每天都有很多亲戚和朋友来，但不论是平日里待我最好的姑姑，还是妈妈最好的同事阿姨，一进门就问："妹妹在哪个房间？"然后拿着送给妹妹的礼物连我理都不理就进去了，我悄悄溜进自己的卧室，鼻子酸酸的，开始抹眼泪。慢慢地，妈妈发现了我的变化，开始刻意地让来的每个客人也都问问我。时间过得很快，妹妹长大了些，可以和我一起玩了，这时我觉得她很可爱，因为她喜欢当我的"跟屁虫"。记得那是个周末，我还在睡懒觉，隐约听到妹妹在玩的声音，忽然"哐嘟嘟"的几声响，吓得我瞬间起身："天啊！毛毛，你疯了吗？"一巴掌打下去，妹妹哭了起来，爸爸跑过来看到摔破在地上的音乐盒和龙猫存钱罐，不问三七二十一地把我训斥了一顿，抱着妹妹离开了。我也哭了起来，心想为什么，她摔坏了我最喜欢的生日礼物，不是她的错吗，竟然还教训我。妈妈买菜回来后，安慰我说会给我重新买一模一样的音乐盒，还说我打妹妹肯定是我不对，想想当初是我缠着她说自己很想要一个妹妹的，现在怎么能这样对待妹妹呢？"以后妈妈老了，陪伴你时间最长的人就是你最亲的妹妹，你要比爱妈妈更爱自己的妹妹。"妈妈的话句句是实话，我也很后悔打了妹妹，我哭了很长时间终于想通了，给妹妹道了歉，当时妹妹就抱着我亲了一下，说："最爱姐姐！"

一转眼妹妹已经两岁了，我放学、放假后的首要任务就是陪她玩，还经常偷偷把省下来的零花钱给她买玩具，常常逗她笑个不停；我越发觉得她懂事了，说的话也很有道理了，越来越可爱了。在学校遇到不开心的事情，只要一回到家看到妹妹活蹦乱跳的样子，所有的不愉快都会烟消云散了。有时晚上妹妹挤在我床上，还要我给她讲《白雪公主》的故事，我越来越爱妹妹了！

临近冬天，妹妹要和外婆外公一起去海南度假，我很不舍，想着妹妹会不会把我忘了。我买了好多玩具给她，送到车站抱着她说："你在海南会有很多新朋友一起玩，可千万不能把姐姐忘了，也不能天天哭鼻子说要姐姐，每天记得视频哟！"妹妹哭了，我强忍着泪水不让它在妹妹面前落下来，故作生气地说："你要是再哭，我就走了，放假也不去海南看你了。"妹妹委屈地点点头，挥了挥手转身被领进了大厅，我看着她的背影在匆匆过往的行人中一点一点消失，眼泪大颗地往下落……回到家中，是一屋子的冷清，没有了妹妹平日的欢声笑语。

是妹妹让我领悟到了亲情的力量。无论是母爱的伟大，还是姐妹的情深，我都相信亲情是这个世界上最伟大的情感，让我总有一份期待、一份牵挂，像极了种子成长的历程。亲情的种子也会落入泥土生根发芽，长成参天大树，开出不朽的亲情之花！

评 语

本文作者通过对妈妈生妹妹时的危急关头的描写以及自己和妹妹之间的感情变化，深情地阐述了自己对亲情的理解。而自己对于妹妹的无私关爱，又从精神层面理解了亲情的含义，原来是亲人间的关爱之情。本文歌颂了亲情是永恒的主题，诠释了家的含义，使文章内容顿时得到了升华。

——马佩霞

走过，才明白

2016级9年级4班　张　琪

七月的浙江，时雨时晴。

乌篷船桨声欸乃，河岸两边错落却规矩的黑顶白墙，随处可见的白石桥，远处水面逸动跳跃的天光。

温婉秀气的江南水乡。

我是不怎么正牌的西北狼，自幼就有个来江南饱览楼台烟雨的梦。与父母谈判此次旅行的目的地时，我引经据典，才勉强说服他们改变原本的计划来坐这条乌镇的乌篷船。

此处是贯穿乌镇的河，抬眼便能看见人家墙上簇簇墨绿的苔，和着墙的浆白，砖的青灰，还有窗边蓝印花布细细碎碎的深蓝。

蓦地，我想起幼时的自己，那个幼稚的，小题大做的自己。

那时我认真写的一篇作文入围了的全国比赛。年幼的我无法一个人消化巨大的喜悦，找好友分享时，她却只是说："我们全家都觉得你的作文并不是很好，只是胜在了创新的立意与题目。"

现在想来她说的也是事实，那时的我却认为这是绝对的胡说八道。她的声音还在继续，"你上次写的那个作文，明眼人都看得出来是瞎编的，连老师都说写景要自己去过才能写……"分贝绝不小，似乎瞬间引来了许多有同感的人来声援。正巧，那篇作文写的就是乌镇。

我一百个不服，后来跟她也翻脸了，好长时间没互相搭理。那时候我就有一个愿望，一定要亲身走过真真正正的江南。

后来文笔并不好的我并没有从省内的比赛落选，就像大冰说的，被别人质疑时别吵架，拿稳你的笔，总有一天你会成功……

此时又着眼近在咫尺的乌镇，艄公悠然萦绕的水乡谣此起彼伏，水光潋滟荡漾，原来真的才有走过才明白。

船已靠岸，又飘起淅沥的雨丝。

远处的白石桥上，一川清雨几伞开。

评　语

把微笑留给昨天，把死亡留给自己，让懂得的人去懂，让不懂得人不懂，让世界是世界，我依然拥有我最美丽的脚步。我们有时候也许会因为别人的评价而选择放弃。可是，当我们真的走过才会明白自己的路是自己选的，别人都只是过客。小作者对自己小时候朋友关于自己作文的评价而感觉到对写作迷茫的描述，语言朴实自然，情感流露真实，确实是一篇佳作，只愿小作者在写作的道路上越走越远。

——马佩霞

十三、厉害了，我的……

在这个世界上，总有一件事让我们回味无穷；总有一个人是我们心头的朱砂痣；总有一个地方为我们的心灵遮风挡雨。当我们回首往事，如痴如梦，身临其境时，也许，我们会轻叹，厉害了，我的……虽然我们改变不了什么，但就是想努力，再看看自己的人生究竟有多少种可能。因为远方并不只是脚步到达的地方，而是心越过的地方。

厉害了，我的国

2017级8年级6班　常　诚

那年战火纷飞、硝烟弥漫，整个神州大地都沉浸在一片令人绝望的气氛与血泊中。

祖国在流血，尊严被侵犯，领土主权在一次又一次地被人践踏着，无能为力的清政府只好退出了历史的舞台。而等待中国的，却还是无穷无尽的不确定与万丈深渊……

谁将响彻云霄？谁将震撼苍茫大地？谁将点燃复兴的灯火？终于，雄狮觉醒了，历史又将中国推向了一个全新的高潮——中华人民共和国成立了！

整个中国都燃起了复兴之火，沉睡的雄狮终于将怒吼声传遍整个世界。世界被震撼到了，让他们吃惊的是中华人民，人民是人民的力量，是华夏民族的力量，是信念的力量！

但更让他们吃惊的是中国七十年来的快速发展。

中华人民共和国成立后，可以说是一穷二白，什么都没有，没有技术，没有工具，没有经验，没有足够的人才。不论我们发展什么，都面临着严峻的考验和诸多不确定。但我们有信念，有希望。我们依靠着劳动人民的双手，依靠着自己的才智，依靠着一颗将祖国建设好的心，像保尔·柯察金那样，完成了在外国专家眼里不可能完成的任务。

原子弹、氢弹等诸多高科技相继研发成功，使得中国在国际中的地位不断上升，使中国这个曾经在外国列强眼里并不被看好的国家又一次炸响了一枚惊雷。

随着历史的推移，中国又迎来了新的征程——改革开放。

20世纪70年代末，由邓小平同志提出的以"经济建设"为中心的思想路线的实施，使中国吹响了改革开放的号角，也成为开创中国特色社会主义道路的历史起点。这就像是又一枚惊雷的爆裂，响彻大江南北。中国，这个古老而伟大的国家，便由此迈入了改革开放的新征程。

一瞬间，中国接受了无数新的东西。最后，由邓小平同志指示"我们要走中国特色社会主义道路"，于是，中国便真正开展了伟大的复兴之路、必由之路。

"可上九天揽月，可下五洋捉鳖。"古人这充满神话主义色彩的梦想在今天早已实现！

长征号载人运载火箭等各式太空卫星，我国已发射数百颗，探索宇宙早已不再是幻想。

蛟龙号深水探测器早已行至海洋7000米深处，探测海洋也不能缺了中国。

大飞机、国产航母、高速列车、天眼望远镜……这些伟大的壮举，使我们的祖国再一次站在了世界民族之林的巅峰。我们为此自豪！我们为此兴奋！我们为此感叹：厉害了我的国！

我深深地爱着我的祖国。如今，我们面对一个前程似锦的新时代，更应该做一名创造性人才，只有这样才能将这繁华发扬下去。我们要为未来做主，为未来奋斗，"幸福生活是奋斗出来的"，我们要做一名追梦人，为"中国梦"不再是梦想而拼搏，为未来的中国不再受侵犯而战斗。

等待和期望。

评语

小作者站在历史的角度写到了我国由建国的一穷二白到如今的"可上九天揽月，可下五洋捉鳖"，使人读起来回味无穷，引人深思。文章语言犀利，

见解独到，不失为一篇佳作。

——马佩霞

厉害了，我的姥爷

2017级8年级6班　张家玮

姥爷今年68岁，已是一位接近古稀之年的老人了。他宽大的额头上刻满了深深的皱纹，仿佛就是姥爷一生经历的写照。提起他那几乎带有传奇色彩的前半生，有不少事令我感到自豪与敬佩。

年少时的"墨香书生"

姥爷天资聪慧，无论学什么总是一点即通，尤其是他对书法的领悟。太姥爷热爱书法，他总是教姥爷写毛笔字，姥爷渐渐像婴儿迷恋母亲般迷上了书法写作。十一岁时，姥爷练书法不到半年，写的字已经有模有样了，深得太姥爷赞赏。

"他是个不折不扣的神童。"一位同乡这样评价姥爷。每逢春节，同村的人家都请姥爷为他们写春联。身材瘦小的姥爷握笔轻轻几挥，几个遒劲有力的大字便立刻跃然红纸上，墨香浓郁，格外醒目。家人们则负责将这些对联送往各家各户。他们匆忙的身影在当时可以说是一道独特的风景了。

传奇的教师经历

大学毕业后的姥爷，像当时不少热血青年一样，回归故里，润泽桑梓，成了一名光荣的人民教师，但是这个教师却有些特殊。

姥爷从教四十余载，几经辗转于乡邻几所基础教育学校，在那个人才资源极度匮乏的年代，姥爷几乎教过每一门课程，从语文到数学，从物理到化学，从政史到地生。往往上一节课他还在讲台上大谈历史轶事，下一节课便已经带着学生在实验室里做实验了。姥爷宽广的知识面让我非常佩服，然而更让我敬佩的还是姥爷的诗才。

豪情万丈的诗人

姥爷作诗的才华从小便崭露头角。在他小学六年级时，一次，语文老师要求全班同学在二十分钟内作出一首以"秋"为主题的诗来。哪知任务刚下达，姥爷便出口成章："谁道秋日悲寂寥？微风徐徐雨潇潇。黄叶蹁跹如蝶舞，散落田间化沃土。"虽然那时姥爷还不懂得平仄押韵，这首诗也让老师对他大加赞赏。

在教书期间，姥爷更是笔耕不辍，往往有感而发后便落笔成章。姥爷的诗主要以抒发情感和描写景物为主，字字精简，有如"大珠小珠落玉盘"，堪称一绝。

退休后的姥爷常常与我讨论关于诗的创作。他教我平仄如何相对、韵字如何去选，还与我一起领略李白诗的潇洒豪放，杜甫诗的沉郁顿挫……

我为姥爷一生的经历感到自豪，我为我有一个这样的姥爷感到自豪！

厉害了，我的姥爷！

评语

小作者用清爽优美的语言给我们展现了一篇非常优秀的佳作。用姥爷一生的平凡事例展示了一个不平凡的形象。同时，也告诉了我们每一个人，在这个世界上，只要我们认真努力地去做，一切都会成为现实。姥爷的精神是值得我们每一个人学习的，加油，老师永远为你们喝彩！

——马佩霞

厉害了，我的家乡

2017级8年级6班　胡　荣

家是一轮暖阳，温暖你那颗潮湿的心灵；家是一泓清泉，滋润你那干涸的心田；家是一盏指明的灯塔，让濒临绝境的人重新看到生的希望……

古往今来，不少的文人墨客都对家给予了很高的评价与赞美。那么，与家仅有一字之差的家乡，又有怎样一番独特的风味呢？

在每个人的心里，对自己的家乡都有不同的定义，而对我来说，家乡最独到的地方，便是美。

　　我出生在小城天水，这里就是我的家乡。家乡的风景在全国也称得上颇负盛名，尤其是在春天，家乡的一切更是美不胜收。

　　家乡的春，无论是在地面上还是空气中，都散发着春的味道，构成了一幅连毕加索也难以勾勒出的完美图画。花园里，百花齐放，争奇斗艳。黄色的迎春花，粉色的桃花……每一朵花都散发出淡淡的清香，沁人心脾。你瞧，那朵玫瑰，鲜红的外衣像一团巨大的火焰，翠绿的枝叶衬托着它，晶莹的露珠灌溉着它，再看，那朵百合，那雪一样的白色如圣母玛利亚一般神圣雍容。辛勤的蜜蜂"嗡嗡"地飞着，为产那香甜的蜂蜜而忙碌工作着，蝴蝶们也在花丛中翩翩起舞，小草肩并肩，手拉手，似乎在编织一张绿色的地毯。

　　从远处看，眼里便尽是葱绿，嗅一嗅，满是清香的味道。一阵微风拂过面庞，清凉惬意，那是春姑娘的吻，树木都吐露新芽，茁壮成长，那是春姑娘的礼物，小动物们都从睡梦中醒来，那是春姑娘的气息，小河融化，发出叮咚的响声，那是春姑娘的歌声，远远望去，有白的、黄的、粉的、紫的、蓝的……各种颜色，那是春姑娘的风采！

　　忽然，一阵风吹来，飘过麦田，穿过小树林，拂过小溪，它让麦苗长得更快了，让小树更加茁壮成长，让小溪的歌声更加欢快，弹奏出高山流水般的乐曲。

　　春雨在不知不觉中也在小城天水降临了，它不如夏雨那般狂野，不如秋雨那般端庄，也不如冬雨那般沉重，但却有着它们都没有的巨大魔力。

　　春雨很轻，好似一个娇羞的小姑娘；春雨又很密，好似一位无私的母亲，它怕自己滋润不到孩子的每一个角落，因此，即使是再细微，再不起眼的地方，也能得到春雨的润泽。"随风潜入夜，润物细无声。"这不正是对春雨最好的诠释吗？这样的春雨难道不是最美的吗？

　　家乡的春，生机勃勃；家乡的春，五彩缤纷。我爱我的家乡，爱它的美，爱它的一切。

评语

　　家乡是我们灵魂的港湾，家乡又是多少游子魂牵梦绕都想要到达的地方。小作者用清爽的语言描写了自己的美丽家乡——小城天水。写出了它春天的生机勃勃，春天的五彩缤纷，让人留恋其中，回味无穷。文章的整体结构掌握得很好，措辞也很严谨，是一篇优秀的佳作。

　　　　　　　　　　　　　　　　　　　　　　　　——马佩霞

驶向成功的旗帜

2017级8年级9班 郑若馨

我们乘着一艘船，行驶在苍茫的大海上。每走过一段路，都会有别样的经历。有时，你会遇到危险的礁石；有时，你会遇见汹涌的浪涛。如果把人生比作是一次航海，那么真可以用"一帆不风顺"来形容了。

有一句话是这么讲的："逆境出人才。"司马迁的故事正是印证了这个道理。他出生于史官世家，曾官居太史令，却因为罪臣李陵败降之事辩解被下了大狱，受了宫刑。在封建社会，受到宫刑是一种多大的耻辱！我无法想象司马迁是如何忍辱负重，顶着精神和意志的摧残与折磨，完成了被鲁迅先生称为"史家之绝唱，无韵之离骚"的《史记》。我脑中仿佛出现了这样一幅画面：身着素衣的司马迁，是如何在别人无法承受的逆境中，坐在案前"究天人之际，通古今之变，成一家之言"写下不朽的传奇的。

俗话说："人生如戏。"每个人用不同的经历诠释着不同的、跌宕起伏的人生轨迹。庞大的生活阅历数据堆积出了银幕，演绎出了情节。"世界上没有完全相同的两片叶子。"个体不同，剧本更是相差甚远。但不可否认，每个人的人生都像心电图一般上下跳跃，直到失去呼吸。有时我们应该会从高处跌下万丈，不同的是，有的人拍拍衣服站起来了，一步步又爬上了顶峰，而有的人自暴自弃，在低谷郁郁而终。

学会提前准备和接受是面对逆境的一剂良药，李清照的故事便是一个很好的体现。少女时期的李清照是父母的掌上明珠，生活无忧无虑，幸福美好，有"争渡，争渡，惊起一滩鸥鹭"的俏皮可爱，也有"知否，知否，应是绿肥红瘦"的少女情思。可惜，生活似乎和李清照开了个天大的玩笑。与赵明诚婚后本该幸福，不想金兵入侵中原，她流寓南方，境遇孤苦，小夫妻不得不分离。这时的李清照已经没有了俏皮，留下的只是缠绵的思念。正所谓祸不单行，"靖康之变"不仅结束了北宋历史，更带走了李清照的丈夫和她所有的希望。不料在这时又遇到了混蛋张汝舟，不仅骗走了《金石录》，更让李清照走向了绝望。李清照没有做好迎接这一切的准备，她痛苦万分，少女时代的幸福和眼前的现实给她的反差太大！正是因为她不明白"人生不是一帆风顺的"，才会绝望，甚至疯癫。但不可否认的是，逆境成就了李清照，成就了她多元化的词风，成就了"婉约派词宗"，成就了"千古第一才女"。

人生也像一盘棋，步步为棋局，一步错，也许会步步错，因而人人需要把握自己。"长风破浪会有时，直挂云帆济沧海。"在人生的航线上，无论遇到多么汹涌的海浪，都要相信：逆境是驶向成功的旗帜。

有些人生下来背负的便是挫折。相信贝多芬的故事大家再熟悉不过了。小小的贝多芬那时虽还未失聪，却已经饱尝了人生冷漠。寄居在姑父家时，他曾被打得遍体鳞伤，就像小蜗牛问妈妈一般，他也曾问过自己："为什么我从出生，就要背负这些人情世故的残酷？"失聪后的贝多芬更是愤恨上帝的不公。可在音乐创作的过程中，他渐渐明白："挫折与逆境是上天赐给他的一份大礼。"他开始感谢逆境，并用自己流芳百世的作品回馈了逆境，更是因为他对挫折之花的滋养与灌溉，花朵便给了他更迷人的芬芳。

我们不需要刻意去改变、逃避挫折与逆境，而更应该在大千世界中，去享受它们无限的给予。去感思它，回报它，拥抱它。

在你迷路时，它给了你冲出黑暗的勇气。

在你迷茫无助时，它给了你生活的指向标。

在你懦弱时，它给了你冲破天际的决心。

在你骄傲时，它给了你脚踏实地的真谛。

它对于每个人的意义都是大相径庭的。逆境永远遇强即弱，你越畏惧，它越让你痛苦；你越勇敢，它越给你生命的馈赠。它给你实践的态度，做人的准则，拼搏的毅力和调整自我的能力。

海伦凯勒失去的是视力，不是光明；贝多芬失去的是听力，不是对音乐的追求与热爱。逆境带给了司马迁耻辱，却留给了世人无限的财富；挫折与磨难让李清照痛不欲生，却成就了她的一生。正如海伦凯勒为自己所写：眼睛让我痛失世界的光彩，却为我扬起了一面成功的旗帜。

📖 评 语

作者小小年纪，竟对人生有如此深刻之感悟！文章巧妙地通过古今中外名人勇敢面对人生挫折的事例，告诉我们：逆境给人"实践的态度，做人的准则，拼搏的毅力和调整自我的能力"。纯朴而坚定的文字很有感染力，随着文段的层层递进，小作者把积极向上的人生态度传递给了每个人。

——马佩霞

这就是我的承诺

2017级8年级9班　雒奕博

花开花落，沉醉墨香，我永远忘却不了最初的承诺

——题记

语文是一杯浓酒，历经时间锤炼，越酿越香；语文是一泉清水，纯洁清新，给予文人以丰富的精神食粮；语文是对接历史的桥梁，我与孔子谈论仁、礼、义，与孙子聊兵家……

初见·心迷

鸟儿的欢唱鸣叫打开了我学习的乐章，伴随着"太阳当空照，花儿对我笑……"的甜美乐曲，我蹦蹦跳跳地进入教室，随即眼前便显现着耀眼的两个大字——"语文"。亮丽的阳光在语文书上嬉戏游闹，树枝的影子伴随着阳光若影若现，我脑中不禁浮想联翩："父亲总说中国汉字博大精深，有时还会在我面前吟诵'床前明月光，疑是地上霜'。"马上要揭开语言的神秘面纱，我的心里忐忑而激动，暗下了定要学好语文的决心。

那时稚幼的心迷也就是心恋，心中也暗暗掀起了波涛汹涌的万丈狂澜，击打在了心的海滩。

再见·难忘

面对夕阳西下的金黄世界，我背着书包大步流星地走回家，当用手去轻触、抚摸那可爱美丽的字体时，犹如清泉在心中流淌，沁人心脾。我静静地、沉醉地抚摸新的语文书，清珠傲梅总令我不能忘怀。

当学习语文后，犹如与一位智慧的老人手牵手步入了知识的大门，我用深邃的眼神仰视繁星点点，不觉与霍金一起探寻宇宙的奥秘；我用我深情的语言朗读课文，仿佛与原曲作家共诵中华文化。我以笔为力量，衬托出未来的一片蓝景，不犹如抗日军民铁骨铮铮的精神吗？那优美的语言文字陶醉了我的心灵，坚定了我最初学好语文的决心，一颗不可抗生的种子就这样萌发。

永见·不忘初心

七载春秋，晃眼一过。我不仅利用语文去点染生活，也用语文滋润着我心底热爱的种子。它告诉了我人生的真谛：李白的"直挂云帆济沧海"是迎难而上，是不畏人生征途而奋斗，以极大的力量推动着我的一生。李清照所言"风休住，篷舟吹取三山去"，让我领略到了古代优秀词人、诗人内心的凄苦。刘禹锡却认为"我言秋日胜春朝"，这是宽大的胸怀，给我以启示。在语文的坎坷道路中，我笑过，也曾放弃过，但是稚幼的承诺就似远航的巨轮载着我跨越人生的波浪。

茶香透过碧纱，氤氲环绕着浮现出学习语文的点点滴滴，用我灵魂深处的思想墨染那美丽的人生彩虹，这就是我的承诺。

评语

文章从三个方面写出了小作者对语文的情有独钟。初见，语文是令我着迷的心恋；再见，语文是陶醉我心灵的甘露；永见，语文是我永不言弃的承诺。文章结构明晰，层次清楚，层层推进，表现出作者扎实的写作功底。结尾又对全文作了总结，升华主题，让人读来清新自然，余音缭绕，沁人心脾。

——马佩霞

我们只有自己

2017级8年级12班　武雯煜

春夏交替，秋去冬来，岁月的长河缓缓地流淌着。我们——花季少年才刚刚迎来春天，我们渴望在这绚丽多彩的世界拼搏出自己的广阔天地。可是我们靠什么？我们又有什么？

每个人都是独一无二的存在，具有自己特殊的能力和与众不同的性格。但在某一方面上，我们被"定"住了：富商的儿子变成了富二代；军人的子女成了军二代；明星的子女变成了星二代。他们从小比普通人多了一个身份，多了一种让人羡慕的资本，但这代表不了什么。所谓的身份只是表面而已，真正重要的还是自身。

鱼儿遨游在海洋，大海会帮助它躲避浪头；蝴蝶化茧，一步步成就自己，天空会提醒它未知的危险；落叶归根，泥土会让它融于自己。但我们没有任何助力，只能依靠自己的努力和奋斗，自古以来，就是这样。

郑板桥，扬州八怪之一，擅长画兰、竹。他清廉一生，爱民如子，死前告诫儿子，不靠天不靠地，更不靠祖宗。他的儿子含泪听从父亲临终的教诲，心中多了一项准则。而中学生活带给我们的不仅是未知的惊喜，还有已知的挑战——学习。学习是我们的首要任务，老师常说，你们的身份是学生，你们不学习能干什么？我们大多都不是天才，没有远超常人的天赋，也没有预知未来的能力，那我们要成长，要拼搏怎么办？我们只有自己，只有努力。

中考是学生必不可少的经历，我们在中考中赴向新征程。都说中考是人生的落脚点，我们读书三年，只为中考一战，很多人的梦想也从这里起步。而我们需要做的是付出全力，不让青春留下遗憾。我们没有得天独厚的能力，但我们有努力，有奋斗，有自信，有精力，但最重要的——我们拥有自己。我们可以把握青春，把握人生，把握以后的自己，成就明天。

都说没有依靠的人最幸福。是的，他们不会因为大树的倒下就缺少对抗炎日的勇气；他们不会因为天空的风雨就缺少搏击长空的力量；他们不会因为些许的否定就缺少前进的动力；他们更不会因为小小的挫折就放弃未来的光明，他们会依靠自身的努力向心中的美好心影进发。

蜗牛很慢，也许一辈子也爬不到终点，但它们靠着自己，一步一步地出发，心中执着地相信：只要努力，不留遗憾。它不需要外力的帮助，因为它有自己的念想。

如果你也像蜗牛一样，那么请相信：有些东西永远不会流失，它们会帮助你，只要你愿意相信。

我们拥有自己，同样，也相信自己。

评 语

对人生和岁月的思考一直是人类文学的主题之一，小作者以她凝练的语言和细腻的心灵，写出了她独特的感悟。在这个世界上，当困难来临时，我们只有自己。当我们勇敢地去面对这些困难的时候，其实一切都并没有我们想象的那么艰难。所以只要你足够的努力，成功一定在波岸等你。

——马佩霞

靠自己，搏出生命的光彩

2017级8年级8班　王文睿

　　古人云："宝剑锋从磨砺出，梅花香自苦寒来。"凛冽的寒风呼啸着，无情地摇晃着梅树那瘦弱的枝干，可那朵朵梅花却依旧傲然挺立着，她们头顶寒风，脚踏冰雪，它们从不恐惧，也不气馁，凭着自己顽强的毅力挺直了腰板。她在告诉我们：只有靠自己，才能绽放出生命的光彩！

　　去年，我们全家一起回了趟老家，正值冬日，刺骨的寒风令人瑟瑟发抖。爸爸带着我去爬山，到了山顶，放眼望去，四面环山波浪起伏，树木稀少，瘦俏枝干也都在寒风中努力支撑着，不时发出呜呜的哭声。突然，一抹鲜亮的绿色吸引了我的眼球——在悬崖峭壁的缝隙中，夹着一根细小的树干，它极纤弱，但却十分笔直，一抹绿色在冬天分外耀眼，远远望去，像俯冲搏猎的雄鹰，像划破静夜的流星。我惊奇地问爸爸："那是什么树呀？"爸爸告诉我，那是一棵松树。我为它生活的环境而动容，于是赶忙凑近，想要一探究竟。我向山崖下望去，映入眼帘的是一条蜿蜒曲折的河谷，从山顶向下望，心里有点害怕，山谷中的狂风嘶吼着，松树却稳稳地在崖边站立着，它的根深深地扎在石崖缝隙中，仅靠着那贫乏的营养维持生命。它是山谷中旁逸斜出的一位，它默默地兀立着，不鄙位卑，不薄弱小，不惧孤独，从不需要谁的特别关照与爱抚，完全依靠自己的力量，长成了那堵峭壁上的生命，让人领略那簇动人的风采。

　　一次次，它在风雨中抗争呐喊；一回回，它把云雾撕成碎片；它以威严逼迫霜雪乖乖地逃遁；它以刚毅驱逐雷电远避他方……是什么勇气使它能在夹缝中生存？它又是靠什么力量支撑着在寒风中挺立？一旁的树，都在冬日里丢掉了夏日的盛装，呈现出一种颓废的状态。可它，却不向寒风屈服，依然绿意盎然。它得不到人们的照顾，也得不到充足的养分，陪伴它的，只是那延绵不断的呼啸声，可它傲然挺立。几天后，我再去看望它时，细小的枝条旁竟生出了嫩芽，那是松树的心啊，有了心，它便有了更大的动力；有了心，它便能更好地砥砺前行；有了心，它便会有梦，便会更加热烈地拥抱世界。

　　松树为山崖增添了一抹亮丽的色彩，也绽放出自己生命的光彩。

　　不仅树要靠自己，人也是一样。

　　美国的大发明家爱迪生，小时候家里买不起书，买不起做实验用的器材，他到处收集瓶罐。一次，他在火车上做实验，不小心引起了爆炸，车长甩了他一记耳光，他的一只耳朵就这样被打聋了。生活上的困苦，身体上的缺陷，并没有使他灰心，他更加勤奋学习，终于成了举世闻名的科学家。

　　在我们的小区旁，有一条小巷，每天早晨，就有卖各种各样早点的摊子。那天，我和往常一样去买早餐，突然，我发现了一张新鲜的面孔——一个年纪与我相仿的男孩。只见他站在已摆满饼子的手推车后面，一边吆喝，一边搓着自己冻红了的双手。天刚蒙蒙亮，这应该是学生上学的时间呀，可为何他……我走过去惊奇地问："你不去上学吗？一大早在这里卖饼子吗？""妈妈今天病了，我先帮妈妈卖一阵儿，就去上学。"他冻通红的脸上带着一点担忧。"买个饼。"一个男孩和他妈妈一起走过来喊道。看着相同年龄的两个男孩，我心中有很多感慨。我相信那位靠自己的男孩，一定会有一个美好的未来。

　　温室的花朵虽然艳丽，但是一遇到严寒便无法生存。雄鹰敢于挣脱父母的怀抱，才能振翅高飞；人也是一样的，要靠自己，不能一味依赖父母或他人的呵护，自立自强，经历了风雨的洗礼，才能看见美丽的彩虹。只有靠自己，才能战胜一切磨难，最终才能搏出生命的光彩。

评　语

　　这篇文章通过对松树傲雪而立的坚贞品质的描写，告诉人们只有不断努力、不断奋斗，才会有更好的明天。大步向前走，坚持就会让我们走向更广阔的天空。很励志的一篇散文，满满的正能量，值得我们学习，文字简洁有力。

——马佩霞

厉害了，我的班长

2017级8年级10班　王濮恒

　　从小学步入初中，我的主要感觉就是这个校园里真是一个藏龙卧虎的地方。有些人虽然样貌并不好看，但他散发的气场却足以震撼到你，我的班长就是其中一位。

开学第一天，大家彼此都不太熟悉，小学相互认识的，便三五成群地聚在一起。我也有两位认识的同学，我们便开始聊天。不一会儿，班主任走到教室，做了一番自我介绍，便请同学们依次上讲台做自我介绍。介绍格式大都类似："我叫某某某，来自某某小学，平时喜欢做……最后就是希望大家多多指教"之类的话。只有他一上讲台，便以出奇洪亮的声音讲道："之前的同学自我介绍都十分全面，但有一个弊端，就是难以给大家留下深刻印象。我呢，会避免这些，让大家好好认识认识我这个长相普通，但十分幽默风趣的人！"

大家都被他的声音震住了，随后想起了雷鸣般的掌声，班里的气氛一下活跃了起来。我便又细细地打量了他一番。他有两只半眯半开的眼睛，但绝不是睡意蒙眬的那种，鼻子又高又挺，整个脸型偏瓜子脸。特别引人注目的是他的耳朵，那是一对铺得很开的招风耳，活脱脱一个毛脸雷公！我心里很是不屑，这有什么，我也可以调动起气氛！可是，当我站上讲台做自我介绍，看到那一双双或审视或期待或和我一样充满不屑的眼睛时，心里不由得打起了退堂鼓！最后我草草做完介绍，也不知说了些什么，就灰溜溜地走下讲台，跑到自己的座位。这时，我的心里对他的佩服已经开始"潜滋暗长"了！

时间如白驹过隙，期中考试很快结束，我们班要举行一次民主竞选，理所当然的，他就成了我们的班长。不得不说，他当班长真是有一套。同学之间不管有多大的矛盾，被他一两句话就化解了。我是我们班的电脑管理员，我曾经一度为我的本职而困扰，就因为老师爱往电脑上拷课件，同学们便拷回家复习。本来一件很好的事情，可能由于我的管理不当，同学们拷课件总是挤来挤去，我也深受其害，花压岁钱买的U盘插在电脑上，还没来得及拔就被损坏了！班长知道后，在周一的班会课上严肃地批评了全班同学。他说："我们现在已经是中学生了，怎么还像幼儿一样哄哄抢抢？以一个拷课件的事，就能知道你们不够自律，把管理员的U盘损坏，又没人理睬，可见你们有多自私！这本来是好事，说明大家都爱学习，但也要注意方式方法，一个一个排队，能在相对短的时间内干更多的事，何乐而不为……"

事后，他也批评我说："以后别人损坏你的东西时要长点心，不然怎么索赔？经常爱挤的人就那几个，以后若再挤就记下他们的名字，我来处理！"果然，在班长处理了几个同学之后，拷课件时同学们都能自觉排队了。我对班长更加敬佩了。

回家我把这件事告诉爸爸，他听后，对我们的班长是赞不绝口。他说："小小年龄有如此处理事情的思维和方式，了不起，他长大必定是一个人才！"我想起班主任对他的评价："为什么能让他当班长，就是因为他散发着一种正能量。我们的班就需要这样的正能量传播者，这样我们的班集才会向着成功进发！"

这就是我的班长，一个"能成大事、有正能量"的人。他的言谈举止无一不透着强大气场，他引导我们更积极、更向上、更团结。

在此，我只想衷心地说一句："厉害了，我的班长！"

评 语

异于他人的自我介绍，理所当然的竞选成功，一个矛盾的轻松化解，从陌生到熟识，从不屑到佩服，一位小眼睛、高鼻梁、招风耳、雷公脸，"能成大事、有正能量"的班长的形象跃然纸上。本文主题鲜明，语言朴实，叙事流畅，人物形象刻画准确。

——石瑞

路漫漫其修远兮

2017级8年级4班　马锦丽

物竞天择势必至，不优则劣，不兴则亡。

——题记

朋友，当你降临人世的那一刻起，人生的旅途便已起程了。在这五彩斑斓的世界里，我们背负着重任，我们渴望被保护，希望被温柔以待，但是啊朋友，路漫漫其修远兮，我们终将明白这样一个道理：别人都是生命中的过客，你所爱的人给了你幸福，你厌恶的人，给了你教训，但是人生这么长的路，自己才是自己的靠山。不靠别人，不指望别人的小恩小惠，便是自己对自己最大的柔情。

朋友，你可听说过小蜗牛的故事？它们从生下来，便背着又硬又重的壳，它们羡慕被天空保护的蝴蝶，被土地滋润的蚯蚓，而自己只能忍受暴风骤雨，从来没有享受过"得天独厚"的滋味，却仍能将生活过得有滋有味。朋友，连如此渺小的蜗牛都在向我们歌颂生活的意义，那我们何不抬起头，挺起胸，去接受那"骤雨"的冲击呢？很喜欢苏轼的这样一首词："莫听穿林打叶声，何妨吟啸且徐行，竹杖芒鞋轻胜马，谁怕？一蓑烟雨任平生。"当时苏轼被贬黄州，一次与友人出行游玩，突然下起了倾盆大雨，同行的人皆狼狈不堪，而苏轼却不以为然，并写下如此豪迈的词句。我着实被苏轼的乐观豁达所折服。要知道，多次被贬后所保持的乐观心态如同大海捞针一般可贵。而这也告诉我们，要充满对生活的希望，即使没有别人来保护自己，也要将艰苦难熬的日子制成一罐香甜可口的软糖。请相信吧，风雨之后才能见彩虹。

朋友，你可曾想过，即使"条条大路通罗马"，但也有人一出生就在罗马。我们赖以生活的世界本就不是绝对公平的，只有人们心中的相对自由。正因为如此，我们才会拼搏，才会奋斗，从而使这个世界充满了正能量。不要抱怨父母没有为我们提供优越的生活环境，而应感激他们为我们的付出和养育之恩。孟子说"生于忧患，死于安乐"，常处于安逸享乐之中，我们怎能体会到奋斗带来的快乐？背负重任上路，我们一定会经历很多磨难，我们会抱怨，为什么没有人保护我们，替我们分担这份责任？朋友啊，请打消你这样的想法，你又何尝不想到，这将要压垮你弱小身躯的责任，便是生命最好的馈赠？它会变成你成长中的动力，驱赶你前行，不要怨天尤人，请享受这份大礼；不要焦灼于责任的重大，请化压力为动力；不要祈求别人的帮助，请自己变得坚韧不拔，因为现在最应做的是平整土地，而非焦灼于眼下的漫漫时光。罗马哲学家塔西佗说过，"有冒险才有希望"，当我们勇敢地迈出第一步时，就会发现人生最曼妙的风景都是藏在奋斗的路途上。那风景落入每个赤子的眼眸，如星光一样闪耀，如银河一样璀璨，惊艳了谁的时光，又温柔了谁的岁月，又为谁的青春一笔波澜？趁年少，定不负韶华。

何来"万念俱灰"这一说？最后殊途同归，奋斗的尽头有星光等候。

评语

小作者对于人生的漫漫长路的描写很有见解。但是，其实未来的路很长很长，而你，并不是孤军一人在奋战。人生漫漫，每分每秒我们都在攀登。老师、父母、朋友，都是你精神的能量，他们鼓励你不要遇到困难就退缩，而是去迎接它。愿小作者在进取之路上如你所言，一步步向前走，越努力，越优秀。

——马佩霞

厉害了，我的友

2017级8年级3班　尉彦虹

生命是一场遇见，风遇见了雨，成了雪；春遇见冬，成了四季；天遇见了地，成了永恒；而我遇见了你们，成了人生。

相知。是在八年前的一间教室，三十张课桌，六十个板凳，一张黑板以及几十个同学，我们的相遇就在人来人往中，或许是正面相撞，或许是不经意间的回头，又或许是偶然的经过，总之，我与你们相遇相知了。

相识。一个讲台，上面是每个人对自己的介绍，姓名，爱好。之后，或许是天天在一起的挚友，又或是见了面只打一声招呼的陌路人。总之，我与你们相识了。

相交。暴雨的来临总是出乎意料的，相识后，我们发现我们都有相同的爱好——打篮球，周末相约去打球，已成了家常便饭。依旧是阳光明媚的一天，我们激烈地打着球赛。半场结束后，比分差距很大，我们输的这一方心情非常糟糕。突然，乌云密布，天渐渐黑下脸来看着我们，狂风怒号，满地都是树叶枝条。没错，暴雨来了，我们几个人迅速撤离球场，左挎背包，右披衣服，可一切都太迟了，我们最终还是淋了雨，无情的雨滴击打着我们的头发与肩膀，睫毛上水珠一滴一滴落在地上。可这并没有击散我们的热情，我们在雨中奔跑，享受着自然的洗礼；我们在雨中畅聊，享受着自然的宁静；我们在雨中相交，感谢自然带来的惊喜。雨来自天，我们来自地，天与地，便成了永恒。总之，我与你们相交了。

相处。我与你们成了最要好的朋友。任何人不会被欺负，任何人都不会被放弃。我们好好学习，我们疯狂玩闹。我最开心时，和你们一起呼唤；我最伤心时，和你们倾心交谈；我最迷茫时，是你们为我寻找明路。什么样子的我，你们都包容，同样，什么样子的你们，我都喜欢。总之，我与你们相处一场。

相别。六年的时间，好像很短，我们在一起的时光，好像经历了这世间的冷暖温情，但回头一看，又好像什么也没有发生。四十天的假期，成了我们最快乐的时光，每天在一起打球，在一起谈心，在一起谈未来。而这也成了我们最煎熬的时光，因为恨不得在短短的几十天内经历人生的一切，只为分别之日不再难过，我们会在城市的每一个角落生活，而下一次的相见，又是何时呢？总之，我与你们已相别。

我们在一起的时光，没有做过什么惊天地、泣鬼神的大事，可日常的关心、帮助及共同的目标，却让我们从陌路人变成挚友。即使分别，我们永恒的友谊永不会消散，因为天、地永存！

相遇。在一间教室，阳光洒满课桌，扑面而来的是熟悉的笑脸和笑声。让我们在初中三年中，一起为了一个共同的目标而奋斗，一起倾心交谈，感谢，我们又相遇了。

评 语

全文脉络清晰，文笔流畅，以自身和小朋友日常生活中的几件小事映射出作者对于快乐的定义，与朋友的短暂分别更让小作者体会到了友谊的珍贵。整篇文章字里行间都洋溢着快乐和喜悦，文章最后小作者又和自己的朋友相遇在一起，共同学习，共同努力，真是人生最美好的事情。

这就是我的承诺

2017级8年级7班　柒杨雨晗

每个人一生下来便开始承诺，对父母的承诺，对老师的承诺，对朋友的承诺……像风，像雨，更像梦，摸不着，看不透，一点点凝聚在心中，渐渐成形。我该承诺了，我想。

青春期不期而至，也许是心理作用，又或者是来自方方面面的压力，反正，来得快，却赖着不走了。

他和我的第一次"对决"，在考试。小学的我一直是老师们的心头肉、同学们的好榜样，我也引以为傲，表面笑容灿烂，与同学们相谈甚欢，内心却不屑一顾。父母多次苦口婆心地教育我："上了初中不比小学，藏龙卧虎。"那时春风得意的我哪里肯听，也总是一翻眼皮，一耸肩，一撇嘴，像只骄傲的花孔雀，关注点竟多落于网络，反正就是不听父母的话。所以很快，这只骄傲的"花孔雀"就败了，败得很惨。

是一次期中考试——初中的第一次期中考试，看到那个成绩，我感到五雷轰顶，简直不敢相信自己的眼睛，就像是一只无形的手狠狠地揪住了我的心，真差！那么差的成绩怎么会是我的?！我的眼泪一下子就夺眶而出，我哭了很久，也想了很多，我开始给自己承诺，打败青春期，战胜自己！第一次对决，关于青春期的叛逆，惨败！

他和我的第二次"对决"，在交往。我向来害怕孤独，尤其害怕一个人回家。那个阳光尽洒的午后，一堂生动幽默的语文课上，老师突然问了我一个问题："你最好的朋友是谁?"我心跳如鼓，沉思片刻还是回答了另一个朋友的名字，于是，她哭了。好多人都来指责我："你太过分了！"这句话像魔咒般在我耳边频繁响起，混杂着另一个更加尖锐的声音："看吧，他们根本没人关心你、在乎你！"是青春期的声音，我咬紧牙关，往事一幕幕像电影般迅速在我脑中闪过，无一例外都是些与朋友的摩擦。泪水在眼眶里打转，却意外地没有滑落下去，那一天，我第一次一个人回家。明明是初春的天气，我却感到如坠冰窟。风吹过，吹来了她的声音，吹暖了我的心，抬头，不远处，她的笑容依旧，我也笑了。

第二次对决，关于青春期的敏感，平局！尝到了甜头，我的决心也更加坚定，打败青春期，战胜自己！

他和我的第三次"对决"，在自身。我一向慵懒，也就是所谓的拖延症。"来吃饭。""来了！"我头也不回地答。"你吃不吃?！""来了。"我这才磨磨唧唧地去吃饭，这样的对话，一天不下三遍，也许是那点自尊心在作祟，我有时候甚至会不耐烦地吼上两句，家中的关系便陷入水深火热之中，反反复复，不知何时，我与家人已经有了淡淡的疏离。我这才醒悟，眼前闪过的是青春期嘲讽的脸，我皱眉，又想起对自己的承诺——打败青春期，战胜自己！可是这样下去，我怎么战胜青春期？我暗恨自己的不果断，那颗好强的心迫使我不能低头。我破天荒地收拾了自己的书桌，一改平时的口无遮拦，变得小心谨慎，甚至一改陪伴我十三年的拖延症，我开始时刻苦学习，手机被冷落在一旁，我视而不见。我再听不到青春期在我耳边的干扰，仿佛是浴火重生。我惊喜地回过头，准备和青春期炫耀时——咦？他怎么不在了。

第三次对决，关于成长，完胜！我耳边又响起了我对自己的承诺——打败青春期，战胜自己！我现在终于可以在这一条上打一个鲜艳的红对勾。

这就是我的承诺，我给予自己的承诺，同时也是给予老师、朋友、父母的承诺，那笼罩在承诺上的神秘面纱终于被揭开，我终于可以勇敢地向前迈出一步，直视它："我不怕你！"

　　承诺似远，实近，不怕困难，不怕挫折，凭着那一股热血冲吧！我可以骄傲地告诉你，我给予自己的承诺，我做到了！

——后记

评语

　　没有人的成长是一帆风顺的，每个人都会遇到情形迥异的苦难和挫折，而只有这些教训才足以促使一个人快速长大。同样，坚持也是每个人成长历程中的一种核心品质，真所谓"世上无难事，只怕肯坚持"。当然，恰如作者所言，我们每天都在战胜自我，能真正阻止我们的没有别人，只有我们自己。作者语言流畅，文章结构清晰，从作者的字里行间，可见其深厚的语言文字功底。

——马佩霞

这就是我的承诺

2017级8年级11班　王亦旭

　　拥有一种品德是一个人走向成功的推进器，它会给你带来许多，也能让你感悟很多，它就是你的伙伴，时时刻刻陪伴着你，你可以将它丢弃，也可以留它在身边，这就是承诺。

　　冬季的到来带走了城市里热闹的氛围，同学们渐渐地都出了校门，只留下我与另外一名值日生在教室里忙碌着。干完了最后一项任务，在我前脚刚要踏出教室门那一刻，突然听到一个低沉的声音喊住了我："等一下！"我愣了一下，只见一个身影匆匆跑过来，一个急刹车冲到我面前，没有防备的我当时就被吓了一跳，缓过神来一看，原来是我的一位好朋友，这么急匆匆的，应该有什么急事吧，没等我开口问，他就用缓和的语气对我说："你看，这周五要艺术展览了，假期的手工制作一时马虎给忘了，求兄弟帮我个忙，我已经在网上找好了，准备做一个旋转风车，就差十双一次性筷子当原材料了，你看……""那好吧，我帮你找找看。"我当时心里是非常不愿意答应的，但他那种如果得不到就要死定了的神情让我又不得不同情他。唉，只能"君子一言，驷马难追"了，我无奈地走出教室门。

　　天渐渐地被染成红色，太阳一点一点地往下落，我应该抓紧时间了，"一次性筷子、一次性筷子"，我嘴里默念着，四顾周围寻找有一次性筷子的餐馆，我几乎穿过整个街道才发现一家在巷子拐弯处的面馆有一盒一次性筷子，转眼又一想：十双一次要未免会被认为干什么其他的事情，那一次五双，二五一十，刚好两次，要完也不被说什么，两全其美，就按此计行事。踏进面馆我就带着诚恳的语气对坐在门口玩手机的叔叔说道："您好，我家里筷子少，今天又来了客人，筷子不够用，您看能不能给我五双一次性筷子？"他毫不犹豫地随手拿了五双一次性筷子递给了我。"谢谢！"他微笑着目送我离开。我高兴地伸了个懒腰，心想：天下还是好人多！人生处处有碰壁的时候，在实行计划的第二部分时，店里的女老板有很强的警惕心理，处处防我，但在我的坚持下她还是无奈地拿出了筷子。

　　望着落日红霞的光慢慢散去，城市的灯光代替了太阳，我才知道时间已晚，但心里却说了一句：没事儿，既然已无所顾忌，只有安心回家好好完成晚上的"苦工"吧！想象着明天他该怎么感谢我来回报这来之不易的成果，又转眼一想，先算了，看明天情况吧。

　　承诺是每一个人必须拥有的，它能促进人与人之间的交往，成为一座无形的桥。希望人间处处有承诺，这样才会提高每个人的品质美德。

评 语

　　文章语言简洁明快，能紧扣"承诺"来写。小作者通过自己答应朋友的一件小事描写，虽然过程很是辛苦，但突出了朋友给予自己的幸福。让我们用一颗童真的心去感知幸福的真谛，生活也将给予我们以深厚的回报。

——马佩霞

自强、自立——不一样的烟火

2017级8年级1班　刘芳菲

　　自强与自立，这两个非常平凡的词语，却带给我不一样的烟火！

——题记

信　念

　　大家都说，"缘分天注定"，也有人说，人的命运是无法改变的，至于那些成功或失败的人，一切也都只靠运气。你相信命运吗？也许你是相信的。但，我不相信。是的，我不相信命运！有人出身豪门贵族，他们不用太努力也会很容易取得成功；但亦有人从穷乡僻壤的大山中走出，自主创业，自己奋斗，打拼出一番新天地！出身于伐木工人家庭的前美国总统林肯，从普通售货员做起的格力电器现任总裁董明珠女士……这样的事例不胜枚举。他们为什么能成功，因为在他们的心中始终有一个必定会成功的信念，更因为他们深深地知道，如果想成功，只有一个途径——努力，付出，奋斗！

努　力

　　还是在读小学的时候，老师就给我们讲了"天上不会掉馅饼"这个俗语的来龙去脉，其实真正理解它的内涵，也就是在慢慢长大的过程中。儿时的我，总是爱幻想，爱发呆，有时候一想就停不下来。

　　记得有一次期中考试，在我复习语文的时候，怎么也静不下心来，总是感觉我能超长发挥，能得到一个让所有人都惊艳的成绩。考试结果可想而知，也着实让老师和同学们"惊艳"了一把！那时候的我好傻啊！后来，在老师和家长的双重"监督"下，在同学们校园里漫步的时候，我一边学习新课，一边复习前面的知识，终于在期末又找回了自己的"辉煌"。那时候我就知道，在没有取得成功之前，脚踏实地，百倍努力，才会有想要的回报。

成　功

　　春节假期我去图书馆，无意间发现一本题为《沙漠里也能养鱼》的书。沙漠里也能养鱼？沙漠里怎样养鱼？一连串的问号从我的脑袋冒出来。我怀着极大的好奇打开了这本书。

　　"在沙漠里养鱼"，听起来实在是天方夜谭，但这却是以色列人沃莱夫心中的一个梦想。沃莱夫是一个意志坚定的人，他想创办一个水产养殖公司，在沙漠里养鱼。他不顾别人的嘲笑，出发去沙漠找水。旅途中，他迷了路，经历了许多波折和磨难，终于在沙漠深处发现了隐蔽的湖泊。但这沙漠湖中的水虽然清澈，却又苦又涩，很难下咽，沃莱夫为了活命，不顾一切地喝了下去。沃莱夫认为这个湖泊里的水和大海里的水质是一样的，就想方设法把一些鱼苗放养到那湖里。过了一段时间，沃莱夫发现这些鱼苗竟然比鱼塘里的鱼长得还要快，他成功了！沃莱夫的沙漠水产养殖公司养的鱼，因为出自纯净的沙漠，是最正宗的绿色水产品，所以供不应求。今天，沙漠养鱼业也成了以色列的一大特色。沃莱夫的自强和自信，不仅使得自己获得了成功，也改变了整个国家的命运。

我们每个人心中都会有自己的梦想，但如果你做不到自强自立，不敢去行动，这个梦就永远是空的。只有像沃莱夫那样，为实现自己的梦不懈努力、勇敢前进，好梦才能成真。"神十"上天、"蛟龙"入海的中国梦的实现就是最好的证明。让我们做一个敢于追梦的人，因为我们都懂得，"自强自立+努力坚持"就是成功的密码！

感谢生活，给了我自强；感谢生命，给了我自立；感谢自强与自立，让我品尝到了一切靠自己的那份自信与喜悦！感谢自强与自立，让我体验到了与其他词汇不一样的烟火！

评语

文章语言很流畅，读来沁人心脾，倍感幸福。小作者也很善于观察生活，能敏锐地捕捉生活中一个个细小的事情，勤于思考，善于发现。由对一本书的阅读与思考联想到了我们在生活中应当自强自立，只有这样我们才能拥有自己想要的生活。好好努力，做生活的有心人。

——马佩霞

厉害了，我的家乡

2017级8年级12班　杨皓然

我的家乡在天水，一座丰饶的小城，坐落于甘肃东南部，是甘肃省的东大门。也许在外人看来，这就是一座很小的、隐藏在大西北的封闭落后的城市，但我不这么认为。天水市因它独特的地理位置和四季分明的气候特点，成为一颗镶嵌在黄土高原上的明珠，犹如上帝在中国内陆落下的一滴晶莹剔透的眼泪。她不像其他黄土高原上的城市一样粗犷、豪放，而是有着自己独特的百转回肠的柔情，并以此吸引着外来游客。

自古以来，天水便是非常重要的地区，最早可追溯至西周被分封的秦国西部到秦朝时设立的陇西郡，把守着秦国的西部边疆。深厚的历史文化底蕴也使得这里人才辈出，"迁客骚人，多会于此"。著名的"飞将军"李广就是陇西成纪（今天水）人，还有西汉名将赵充国，三国名将姜维，陇上铁汉安维峻，和平将军邓宝珊……文人墨客也和天水这座美丽的城市有着不解之缘。唐朝著名的大诗人李白的祖籍就在天水，同时期的杜甫也曾到过天水，并在天水境内建造了杜甫草堂。一定是天水的生活让颠沛流离的杜甫大为感慨，才留下了著名的《秦州杂诗》。"山头南郭寺，水号北流泉"就是他在天水南郭寺生活的真实记录，"俯仰悲身世，西风为飒然"又无不反映着他内心的悲苦。

时光匆匆流逝，近代的天水在历史上同样有着重要的地位。抗日战争时期，天水曾成立总管五个军区的部门，经过爱国将领的领导，与其他地区的配合，才打赢了艰苦卓绝的抗日战争。到中华人民共和国成立初期，家乡人民在党的领导下，积极响应"土改"政策，百废待兴的天水大地有了发展的活力，修筑了天水到宝鸡的"宝天"铁路。当铁路建成通车时，伟大领袖毛主席还亲自题了词，庆贺这一丰功伟绩。

现在的天水，绿水青山，水碧天蓝，人民幸福，官员们以民为本，以提高人民生活为己任，清廉执政，经济社会得到了长足的发展。每年举办的伏羲祭祀盛典，使天水成为全球华人寻根问祖的圣地；中国四大石窟之一的麦积山石窟，被称为"东方雕塑馆"，把东方微笑传给了各国游客；一座座大桥飞架南北，在蜿蜒曲折的藉河上形成一个巨大的梯子；2017年通车的"宝兰高铁"，使天水步入了高质量发展的快车道；正在建设中的天水有轨电车项目，宛如一条巨龙，穿梭在藉河川道区；农村一栋栋整齐的高楼洋房，无不展示着脱贫攻坚的最新成果；昔日光秃秃的黄土高原，今天披上了浓浓的绿装，"陇上江南"的称号更加名副其实；即将开工建设的中梁新机场，更为开放的天水插上腾飞的翅膀；随着"关中—天水经济重点开发区"的进一步实施，天水的区位优势更加明显。今天的天水，人民安居乐业，经济稳步发展，家乡人民都在为实现中华民族的伟大复兴之梦而努力奋斗。

山水、历史、人文、景观，构成了家乡天水独特的魅力，她犹如一颗璀璨的明珠镶嵌在我国内陆腹地。我相信，在党和国家的正确领导下，坚持走中国特色社会主义道路，家乡天水的明天一定会更加美好。厉害了，我的家乡！

本文小作者通过对自己家乡的描写，主要写出了天水的历史文化以及天水的特色经济发展，表达了自己对于家乡的无限热爱与无尽喜欢。吐词典雅，文字生动，娓娓道来，清新流畅。令人愿读、爱读、不忍释手。

——马佩霞

厉害了，我的老师

2017级8年级3班　雷　奥

俗话说："师傅领进门，修行在个人"，但，这位老师却截然不同，他是如何教导我们的呢？

——题记

厉害了之网络大脑

我的这位老师是教数学的。提起数学，他犹如电脑开了机，那逻辑好似整理过的电脑，缜密、严谨，速度之快令人瞠目结舌。

我们班进行了一次数学测试。考试期间，同学们忐忑不安的心在数字间跳动不止。做着做着，一颗颗悬着的心都松弛了下来。怎么回事呢？我们看着这张好像没技术含量的试卷正洋洋得意时，意想不到的事发生了！

我特别顺利地完成了前面的试题，到最后一题，我认真审视试题时心里咯噔一下——这道题不容小觑呀，理解本道试题的题意都不是那么简单的事。这下我有点懵！拿过手表看时间，自我安慰一下——还有一个小时呢！

时间一分一分过去，我和同学们都埋头苦思，绞尽脑汁却无法解答，原本静悄悄的教室内这时响起急沙沙的演算声，急躁压抑的叹息声，我却听到自己怦怦的心跳声，时间像老爷爷走路不紧不慢地前进着——已经过去半小时了，毫无头绪啊！正费劲的思考，只听一个洪亮的声音："同学们做完试卷没有，这套试卷也太简单了吧！"

教室一下炸了锅，大家不约而同地看向一个人，原来是数学教师！一名同学回答道："老师，这试卷是简单，简单得让人连题意也搞不明白，老师您花了几分钟做完最后一道题？"只见老师胸有成竹地说："最后一道题，我不到10分钟就做出答案，不会的同学请下课探讨。"你说他网络般飞速旋转的大脑厉害不？

厉害了之神捕快

最近我们班冒出了许多"汪洋大盗"，总是在不经意间窃取别人的劳动成果——考试答案。于是，数学老师这位"神捕快"前来擒拿他眼中的"小毛贼"。

说起考试作弊方法，那真是千奇百怪，有拿镜子照的、有鞋底带小抄的，还有通过各种方法获来直接写的……下面请看"神捕快"如何擒"贼"吧。

开考了，教室里一片寂静，但总有不安分的因素，过了一会儿，只听后门很轻地一响，"捕快"神不知鬼不觉地走了进来。"大盗们"还在继续作案，老师先走到一名怪异的同学跟前，这名同学不做任何计算却胸有成竹地填写着答案，他全然不知"捕快"已蹑手蹑脚地来到他身后，只见这名同学飞快地抄完最后一个答案长舒一口气时，"捕快"慢条斯理地说"记性太好呀"，就这一嗓子，那位同学狼狈不堪，惹得后面的"百姓"哈哈大笑，拍手称好，"捕快"已经成功擒获一名"大盗"。紧接着，几个"小贼和大盗"也先后一一归案，从此，老师娴熟又严厉的"捉贼"手段被同学们亲切地冠以"神捕快驾到"之名。

怎么样，这就是我厉害的多面手数学老师。

评 语

小作者从生活中入手，主要通过对自己数学老师"网络大脑"和"神捕快"的描写，形象而生动地展示了自己数学老师的过人之处，对人物的刻画掌握得非常好。整篇文章线索明朗，主题突出，层次清晰，娓娓叙述中文章主旨逐渐明了，结尾概括之语，短促而有力。

——马佩霞

十四、有你，感觉真好

你背单词时，阿拉斯加的鳕鱼正在跃出水面；你算数学时，太平洋彼岸的海鸥振翅越过城市上空；你挑灯夜读时，极圈的夜晚散发着五彩斑斓。但是你别着急，当你为自己的未来努力奋斗的时候，那些你总觉得一辈子都不会遇到的景色，那些你总觉得终生都不会遇见的人，正在一步一步地朝你走来。有你，感觉真好。

初中生活的酸甜苦辣

2018级7年级7班　张　晨

我们共同走过十二年的光阴，共同笑对困难，我们无悔，我们骄傲地回首过往。

——题记

酸

李白曾写过"拔剑四顾心茫然"，当我升入初中后，我才意识到初中的"恐怖"之处。

看，语文课上，小A同学的朗读极其精彩，还有丰富的想象力，不愧为语文课代表；数学课上，L同学的作业全对，解题思路清晰，不愧为全班第一；英语课上，W同学的英语发音极其标准，老师常叫她给我们领读……这样的例子简直数不胜数。这些事情，成了我的心结，紧缩我的眉头。

甜

李白曾写过"天生我材必有用"，不错，我也有自己的长处。

看，作文课上，我焦急地望向讲台——我的作文本没有发，心里真是七上八下。语文老师走了进来，手中的作文本吸引了我的目光。

老师简单地说明了上次作文的情况，便为我们朗读了三篇佳作——其中就有我的一篇。那一次，我可是尝到了甜头。

苦

李白还写过"抽刀断水水更流，借酒消愁愁更愁"的千古名句。人生有四大喜，当然也有苦了。

在班上，有几位同学很优秀，也很努力。我很紧张，害怕。在这个时候，一句"比你优秀的人还在努力，没你优秀的人还没放弃，你有什么资格畏惧？"把我拉了回来

没错，我已经开始努力了，期中考试前，我认为自己的复习已经很到位了，充满了冲进全班前十的信心。可考试排名一出来，我真正傻了眼——班级十二名。一时间，一种难以名状的苦涩在心头蔓延。

辣

李白还有一句很出名的诗，"仰天大笑出门去，我辈岂是蓬蒿人"大家听过吗？出自李白的《南陵别儿童入京》。可以说，一点小成就，可以害惨一个人，也可以鼓励一个人。

开学时，我感到压力倍增，因为许多人都比我优秀。我决定先从小组长做起，一点一点地进步。语文老师在选小组长时，毫不犹豫地选择了我，我像当上了班长一样高兴。三年，我一定要证明我自己！

还记得毛主席说过，"到中流击水，浪遏飞舟"，三年时间，不长不短，让我们去证明自己！

评 语

本文将小作者升入中学以来的学习生活用四个小标题展现，细腻生动地表达了自我的真情实感，读来既新颖又别致到位，特别是文中能够恰当引用李白的名句，起到"画龙点睛"的表达效果。

——范军鸿

初中生活的酸甜苦辣

2018级7年级13班　于　讯

步入初中的大门，面对新的生活，新的挑战，难免会有些事，或苦，或甜。在这儿，让我们打开话匣子，叙一叙那些事吧。

镜头一：酸味球场

身为足球队队长的我，怎能不谈一谈我最感兴趣的事——足球赛呢？校园足球赛举行在冬天，凄冷的北风刮在身上刺骨般的痛，但这也阻止不了我们对足球火一样的热情。我们班的几场比赛中，队员们奋勇拼搏，不甘落后；啦啦队员们也尽力呐喊，使我们热血沸腾。但怎奈队员们的功底不扎实，平时训练又没有显著的效果，导致三场比赛均以二比零落后于其他队。足球赛，就这样与我们挥手告别……

教室里充斥着老师的勉励，同学的安慰，队员的自责，想到足球场上的一幕幕，我的泪水充盈了眼眶，本低头想趁人不注意时抹去，闪烁着的泪珠却不争气地掉了下来。我趴在桌上抽泣着，泪水打湿了球衣，老师和同学们见状，一阵嘘寒问暖，鼻子酸酸的，心头却暖暖的。

镜头二：甜味课堂

我有一位脾气古怪的政治老师，发起火来像狮子，笑起来像只猫咪。他有许多点子，可以活跃气氛，也可以使教室鸦雀无声。就在一节政治课上，老师突发奇想，要选两位同学，试着当老师讲课。话音未落就传来了一阵唏嘘声，大家都把头埋得低低的，生怕被老师叫上去。我反倒不以为然，高昂着头。老师一下就看到我了，让我准备第二个上台，看来老师还挺偏心我呀！另一位上课不安分的同学很不走运，第一个上台。只见他上台后面红耳赤，扭扭捏捏，一字不说，老师很是生气，一声河东狮吼，把他轰了下去，让我上台讲课。

我挺胸抬头，故作大方，不再扭捏，老师将他御用的话筒给了我。我一戴上，拿起课本，模样十足。我先介绍课文题目，再让同学们畅所欲言，原本不善言语的他们个个都落落大方。接着，我分三个步骤叙述课文内容，我的声音十分洪亮，语调错落有致。讲完课后，我以一个鞠躬答谢了我第一次讲课的听众，一阵热烈的掌声欢送了我，老师也对我称赞有加。我的心里甜丝丝的。

在人生路上难免有所心酸，有所欢喜……五味瓶丰富了我们的人生，给我们的成长染上了绚丽的色彩。酸甜苦辣，人生百态，放好心态，应对未来！

评语

这篇作文以两件切合实际的事例，恰到好处的修辞，给读者展现出生动的校园生活场景，形象地刻画出一位普通的初中学生的日常。语言通顺，值得品读。

——师晓恒

家

2018级7年级3班　李子涵

家是什么？是亲人，是亲情，是依靠。

——题记

还记得那是风和日丽的一天，风轻拂过柳梢，阳光温柔地透过嫩绿的叶子照在我的身上，大街上和往常一样热闹，一切都是那么平凡而又美好。但在我眼里，都如染上了墨色，黯淡无光，没有风，没有人群，更没有阳光，世界是那么黑暗，充满绝望。

我连着四次的模拟测验都在70分上下。

我没有哭，只是像失了魂一样慢慢走着。大街上空荡荡的，偶尔有一两个人路过，眼里却满是嘲讽和讥笑："你看你怎么这么笨啊？上课都在干什么？前几次考试还说得过去，但这次题这么简单，班里就你一个人考了70分。你对得起你的父母吗？"

走着，走着，我的脑海里不停地像播放幻灯片一样，放映着母亲早上5点就起床给我做早饭，问我好不好吃。她用这个世界上最慈爱的面容和最温暖、勤劳的双手呵护着我，她经常说："吃得好才能长得好，才能考出好成绩！"对不起，让您失望了。父亲每天晚上都耐心地给我讲题，好多次都熬到凌晨，他每天都要辛勤地工作，还不辞辛劳地给我讲题，却一句怨言都没有；父爱如山，看着您日渐加深的黑眼圈，我却以如此糟糕的成绩报答您，对不起，让您失望了。

我抗拒这些幸福的回忆，但我越是不想看到，它们越像止不住的冰冷的海水一样涌出，我忍不住哭了。

我如一个迷失了方向的羔羊，呆滞地走回了家，把这张如刀子一般的试卷轻轻地放在了桌上，拖着遍体鳞伤的躯体回了卧室，关上门，一头扎在了床上。

醒来时，发现在门缝下探出头的一张小纸条，上面写着："孩子，麻雀起飞很快，但鹰想学会是需要很长时间的，但真正跨过大山的却是它们；不要灰心，我们都看到了你的努力，开心点吧！"

那年，我的期末考试考出了全班第五的好成绩；那年，我以骄傲的姿态圆满毕业。

家是什么？是你放学回家时为你而亮的那一盏灯；家是什么？是你经历过暴风雨的洗礼后想要重归安宁的那一条路；家是什么？是永远吹不倒，永远为你而开的那个避风港。

为了你，千千万万遍。

评 语

本文以小作者的亲身经历为主线，很好地诠释了"家"的内涵。全文心理描写细腻到位，烘托手法、侧面描写、排比句式运用恰当，为文章添色不少。

——范军鸿

宽容别人，感觉真好

2018级7年级15班　司　念

"啊！"一声刺耳的尖叫从德克士店里传出。其他顾客的目光像箭一样唰唰地朝我射来。发生了什么？这是其他顾客的疑问。我想，这也是读者的疑问吧。

事情是这样的：

我穿着洁白的纱裙，像只高傲的白天鹅一样，和家人去德克士吃饭，迎面而来的一个小男孩蹦蹦跳跳，像只可爱的小松鼠，手里拿着一个甜筒和一杯可乐。突然，他脚下一滑，身体已向前倾，手里的食物便被当作两颗炮弹，直直地向我发射。于是就出现了开头的那一幕。我发出了惊天动地泣鬼神的惨叫，其他顾客带着惊恐的表情迅速转头，那一双双如箭似的目光扎到了我的脸上，扎得很牢，我无法将这箭拔下来。

刹那间，我的脸便像那苹果一般从青到红，再像那火炉子一般，越来越烫。

我那一贯的火山脾气将要爆发，眼前的小男孩也自知闯祸，咽了咽唾沫。可，我突然想到，出门前不是对妈妈保证——宽容别人，不为了小事斤斤计较吗？难道现在，我就要食言吗？我用余光扫了扫妈妈。她在笑！那笑还是一如往常的温和，可我却觉得带着那么一丝意味深长。该怎么办？一个大大的问号悬在心头。不过，我要剧透一下，最后的结局很愉快哦！我深呼吸一次，再一次，再一次，双手握着的拳头渐渐展开。我闭上眼睛，看着那问号，我想，我有了一个好答案。

心跳从狂跳变为正常，滚烫的脸变得温热，那苹果也成功由红变为了正常，我在心里想：我一直是火爆脾气，从来不会善罢甘休。而现在，我的行动已做出了我心中的答案。接下来，该怎么做？对了，一个温和的笑容，几句亲切的话语，也许此事就能圆满。

是的，我绽放出了我最美丽的笑容，对已吓呆的小男孩说："小弟弟，没关系的，但是，以后走路可不能这么莽撞了哦！别担心，快去吃饭吧！"这话仿佛一缕清风，吹去了小男孩心中的愁云，他也绽放出了如花般的笑容。不得不说，宽容别人，感觉真好！

也许这个世界，多一分宽容，就少一次吵闹；多一次宽容，就多一分祥和；多一分宽容，就会让我们的世界更加温暖人心，更加美好幸福！

请学着宽容别人吧，请让你的心灵之花美丽绽放吧！我敢肯定你会觉得：

宽容别人，感觉真好！

评 语

文章思路清晰，开篇设置悬念，引人入胜。修辞手法运用巧妙！

——马佩霞

师生情，感觉真好

2018级7年级4班 杨怡璇

转眼，我的初中第一学期的生活已经临近尾声，回想起过去的点点滴滴，每时每刻都十分充实而美好。而我今天要写的，是我们的语文老师——Z老师。

那是一个阳光明媚的早晨，刚刚小学毕业迈入初中大门的我们一个个对初中生活充满了期待和好奇。这不，下一节课是语文课，同学们正兴奋地猜我们的语文老师是谁呢！伴随着上课铃响，同学们都迅速回到了座位上，教室里安静极了。突然，一位男子急匆匆地"闯"了进来，给我们鞠了一躬："大家好，我是大家的语文老师，我叫……"我们大家先是愣了一会，便响起了热烈的掌声。那节课，Z老师给我们讲了一些为人处世的道理，令我印象最深刻的便是他教会了我们在任何时候，犯了错误，都要有一颗勇于改正的心。就这样，Z老师给我们都留了一个好印象。

可是，好景不长，对于Z老师，不知何时，班里传了一些谣言，甚至是讽刺，对他有人身攻击的话，好多同学都信以为真，对他越来越不尊重，甚至有人公然挑战课堂……其实，我认为Z老师是一位很有责任心的老师，对于我来说，我认为无论老师有怎样的授课方式或者教学风格，我们都应该对老师怀有起码的尊重。

可是后来，Z老师用他自己的行动使同学们转变了对他的看法。

有一次语文单元清，有同学打小抄，他并没有把那位同学当众批评，而是在语文课上，他语重心长地告诉了我们单元清的意义，并且对单元清的方式也有了改变。自那以后，同学们单元清纪律有了很大的提高，而原因只有一个，因为他告诉我们，他相信我们。

还有一次，是期中考试后，他发了一次大火，因为有两位同学不好好学习导致考试成绩十分糟糕！记得那天，全班都静悄悄地，他打了那两位同学，可是没过几天，他又当场给那两位同学到了歉，还写了道歉书，顿时，全场想起了雷鸣般的掌声，而我的眼睛，也湿润了……

从此，我们班语文课的纪律有了巨大的改变，同学们也积极参加，课堂气氛十分活跃。而Z老师也成了我们口中的"Z哥"，我们在课后也成了很好的朋友。

师生情，感觉真好！

评　语

本文小作者以真情为墨，不动声色地描写了自己的语文老师——Z老师的日常生活和Z老师对于自己班级同学的爱护之情，让人读来浪是感动，也为小作者能够遇到这样一位好老师而感觉欣慰。"一日为师，终身为父"，老师是我们永远都值得怀念与感恩的人。文章语言质朴、简洁，能抒真情、说真话，特别是剪影似的勾勒，使得文章内容丰富，画面感强。

——马佩霞

帮助别人，感觉真好

2018级7年级9班　张澍然

如果你的脑海中一直有着某个人的身影，那么她，一定给过你很大的感触吧。

——题记

在那个我很小，她也很小的时候，我们相遇了，谁也没料到会发生些什么。我因为要做值日所以来得早了些，而她，或许天天如此吧。

校门两点十分才开，我两点早已站在门外，闲来无事，左盼盼，右看看，然后决定去买包棉花糖吃。在我的印象中，那天太阳正好，不焦，不燥，几朵白云悠闲地飘着，难得的好天气。树荫下，我靠着栏杆，吃着甜甜软软的棉花糖，嗯！那感觉真好。

在人感觉幸福的时候，时光总是会悄然逝去，对我，对他人，亦是如此。突然听到钥匙开锁的声音，我下意识随着人流往校园里挤。可正当我摆脱拥挤的人群准备迈开步子向自己班前进时，身后传来人体与地面碰撞的声音，随之，是一个女孩脆弱的哭声。没错，就这样我们相遇了。

我冲破层层阻隔，到达她身边，原来是一个一年级的小学妹呀。看着她可怜巴巴的样子，我立刻查看她的伤情，可是瞅了半天，也没发现目标。"小妹妹，你哪里受伤了呀？"我满是担忧与焦虑，希望有一个确切的答案，使我不再像黑夜中行驶在大海上的船只那般迷茫。"姐姐，你看看我的嘴，好像摔破了。"她怯怯地答道。我这才发现，在她嘴唇上，有一个伤口正在流血，鲜血一经口腔散开，使得她洁白的牙齿上也沾染了些许猩红。我被吓到了，毕竟那时我也是个小孩子呀。由于医务室没人，我只好一边拉着她的手向卫生间走去，一边摸索着纸巾。"快，把嘴张开，我用湿巾给你擦擦血。"这是到卫生间后我给她说的第一句话，她听后照做了。我其实并没有什么处理伤口的经验，只能用自己认为最有效的方式去竭尽全力帮助这个从来不曾见过面的女孩。一番手忙脚乱后血终于止住了，她也准备回教室了，我突然觉得有几分不舍，那感觉，怎么说呢？大概就像你终于要将自己养了很久的白鸽放归自然，不愿意，但为了它好，便忍痛割爱了。

她背起书包往前走，我目送着她单薄而又故作坚强的小小身影。走到一半，她回过头来，见我仍在看她，笑着说了声："谢谢姐姐！"这时，我看到她的眼睛，如清澈的湖水般透亮，给人以震撼，透过了阳光，一下子便抚平了我和她离别时的满心不舍，我放心了，挥手与她道别，发自内心笑着跟她说"再见"。

整整一天，我的心情格外好，如那很少出现的蓝天白云，带着阳光的味道。也是因为这个原因，我喜欢上了帮助别人，每一次伸出援助之手，都倍感幸福。好几年过去了，每当我回忆起这件事，仍会不自觉地嘴角上扬。嗯，这感觉真好！

那陌生的小姑娘，也愿你——以梦为马，不负韶华。

📖 **评语**

"助人为乐"是中华民族的传统美德，帮助别人，升华自己。本文以上学时校门口遇一小妹妹受伤，"我"帮了她为主要事件，是一次"助人为乐"的实践，也是对其内涵的一次深刻理解。小主人公因为帮助了需要帮助的人，从而感觉真好！行文叙事思路清晰，语言优美，有作为女孩的细腻，也有理性的思考。

——张洋洋

成功与失败，感觉真好

2018级7年级12班　柴树藩

当冬日的暖阳照射在脸上的时候，你究竟会想些什么，是某一位印象深刻的朋友，还是一件令你兴奋的事？而我会想……

——题记

我只记得那天也是这样一个下午，也有这样的暖阳，天气却很冷，操场上人声鼎沸。哦！你看那儿—— 一场足球赛正在火热进行，原来是十二班与九班的对决。你看！我方球员经过一系列的快传，直捣对方的球门，那矫健的身影，小小的足球，互相映衬着，真美好！伴随着一脚漂亮的射门——耶！耶！球进了！全场传来一阵阵的欢呼，面对实力悬殊的对手，而破了门，不应该庆贺吗？我们十二班的同学都奔走相告，有些同学还在为刚才的胜利做着眉飞色舞的讲解。经过了短暂的胜利之后，我方军士气大振，让对方再也无招架之力，再也没有进去过一颗球。随着哨声的响起，上半场结束。

中场休息中，双方紧张地在商讨战术，老师再三告诫让我们不要飘飘然，不要乱，不要被短暂的胜利冲昏了头，同学们正在给球员们递水、擦汗，准备工作在井然有序地进行。

春风吹，战鼓擂，十二班的同学以王者的姿态傲视着对方。哨声一响，九班前锋以迅雷不及掩耳的速度，破门了，我们班的同学顿时乱了阵脚。可是，强大的对手哪管你慌不慌、乱不乱，九班的球员好像忽然抓住了救命的稻草，就像饥饿的人扑在面包上。对方的一次次破门，对方的一次次欢呼，我们班胜利的希望越来越渺茫，像离家的孩子迷失了回家的路。

"三军可夺帅也，匹夫不可夺志也。"虽然大局已定，但还没有结束，哪有轻言放弃的道理，我们班的同学已拼尽了全力，小小的足球，此刻，已经不仅仅只是一个足球了，它不仅是一个友谊的接力棒，更是一种精神的延续。天气虽寒，可是人心却不寒，所有的球员都怀着一颗炽热之心，拼了！所有的球员都拼尽了全力，此刻他们的心中只有一个目标——对方的球门。火力全开，可是对方也不是吃素的，刚有机会他们就见招拆招，兵来将挡，水来土掩，此刻已经回天乏术！我们输了！

成功，总是像一个调皮的娃娃，永远长不大，他总是有戏剧性的变化；而失败就是一个可以调教他的母亲，正是这一次的失败，才构成了那仅有的成功，他们互相交织着，如果全是成功的话，那怎么会有美妙可言呢？而正是那一次次的成功，也就预示着失败，一次次失败让我们懂得许多的东西，其实当我们真正明白时，也许，就已经成功了吧。

谢谢你失败！秋风残，战鼓停……

评 语

一分耕耘，一分收获。成功和失败是相对的，没有绝对的失败，也没有绝对的成功。小作者通过对自己班与其他班足球比赛的描写，虽然以失败而告终。但小作者看到的却不是自己班球赛的失败，而是精神上的一种成功。正如小作者所说，"一次次失败让我们懂得许多的东西，其实当我们真正明白时，也许，就已经成功了吧"。是的，每一次失败都值得我们去思考和感谢，因为真正的成功就隐藏在失败里面。

——马佩霞

我的家人

2018级7年级7班　田心怡

"谁是你在悲伤时的依靠？谁是你在闷闷不乐时的'糖果'？那谁又是你在开心时想去与之分享的朋友？"这是我的一位启蒙老师常对我说过的话，每次老师一说这句话，我就会想起爱我的家人，想起家的味道。

"厨神"奶奶

我的奶奶，别人一提起她就想到两个字："厨神"！这么说你们觉得可能有点夸大其词，那就让我带你们去看一看吧：

每年过年的时候，奶奶都会做一大桌子的菜，就像古时候皇帝的饭菜一般。"丁零丁零"，我家的门铃又响了，打开门一看：我的姑姑、表姐、小姨……簇拥在我家门口，她们可全都是来吃奶奶做的饭菜的。

我从小就是吃奶奶做的饭长大的，换句话说就是我除了奶奶做的饭谁做的也不吃，每次我一放学，都能吃到奶奶做的饭，这真是一大幸事。有时爷爷还开玩笑地说："你奶奶以后就和厨房当两口子吧。"

"导师"爸爸

我的爸爸是我人生道路上不可缺少的人物，因为他总是能够化悲为喜，对我起到了一个很大的影响。

就在这次数学单元清中，我考了一个很差的分数，回到家后就一直闷闷不乐，饭也没吃几口，爸爸一下子就看出了我的苦恼，跑过来笑嘻嘻地对我说："你是不是没考好？"我点了点头，"那你和爸爸说一下你这次考完后的感想。""爸爸，我这次真的努力复习了，但就是考出来的成绩不太理想。"我带着一点哭意对爸爸说。"孩子，我知道你努力了，我也能看到你的付出，但你要明白，不是所有的付出都能得到满意的结果。你要能够从一次失败中吸取教训，在下一次的考试中更加努力。""爸爸，我明白了，我知道该怎么做了。"

这就是我的爸爸，他总能用一两句话就解开我的心结，真不愧为我的"人生导师"。

"和解员"妈妈

我的妈妈总是家里的那个和解员，每次家里有人闹矛盾，妈妈总是第一个站出来，在这儿说点好话，又在那给别人一点甜头，因为有了妈妈，我们家总是显得其乐融融。

家是由家人组成的，要是少了其中任何一个人，这个家就不是一个完整的家，每个家中总会有那么一个让人难以忘却的人，而他们则是我们每个人的支撑点，因为有了他们，我们才能勇敢地在一条叫"生活"的道路上走下去。奶奶、爸爸、妈妈……我爱你们！

评语

小作者运用三个小标题形式，选取家中三个典型人物形象，将家人之间的温馨、融洽、和谐描摹得生动形象，如果"和解员"妈妈，这一部分再增加一些典型场景，文章会更精彩。

——范军鸿

战胜自己，感觉真好

2018级7年级11班　王馨瑶

从小到大，我都在向长辈们问一个问题："什么是战胜自己？"可惜得到的回答总是不尽人意。"战胜自己？没事干为什么要战胜自己？有这个时间，不如想着怎么去超越别人！"类似的话我已经听了千百遍，依然没有找到想要的答案。

战胜自己，是不是自己跟自己打架，最后自己赢了？幼小的我这样想到。然而，当我把这个想法告诉经常一起玩的姐姐时，却遭到无情的嘲笑："小呆瓜，一天脑子里想什么呢？这么多'自己'绕在一块，我都被你给弄晕了！别想那些东西了，姐带你出去探险！"

听见"探险"这两个字，刚才的疑问已经被我抛到了九霄云外："好，走吧！"

没错，这个疑问就被我这么给忘掉了，在很长一段时间之内都没有想起来。

再次想到它，是在一个阴云密布的傍晚。那时我刚踏进中学的大门，兴高采烈，认为凭着自己小学阶段的基础，在初中阶段能轻易学得很好。但一次英语单元清，却彻底击破我的自信心——133分！怎么可能？

我揉了揉眼，想确认自己有没有看错，但事实就是这样。133，这三个鲜红的数字就好像一张网，将我缠得透不过气：这只是第一单元，本来以为非常简单，答题的时候也自我感觉良好，为什么事与愿违？滚烫的泪水滴了下来，不顾好友在身后的呼喊，也顾不上反省自身原因，我飞也似地跑出了教室。

走在路上，周围一片灰暗。

沮丧的心情使我不可避免地往坏处想：刚开学，我就有这么多知识没有掌握，那以后的学习怎么办？"呵呵"，我自嘲地笑笑，老妈唠叨的次数太多，连我都被她传染了。笑过了，我还是朝不好的方向想着：英语都学不好，那数学、语文……这样还怎么战胜别人？呼！呼！呼！我好像想起来了什么，猛敲自己脑袋三下。"战胜自己"这个词终于在我的心中复生了！当年姐姐的话也被我想了起来，但这次却有了不同的含义。

是啊，"想太多"有时并不是一件好事。随心探索知识的世界，这也是一种乐趣啊！这次没考好，不代表我下次也考不好！只要认真找出缺点，还担心成绩上不去吗？我又笑了起来，这次是发自内心的笑：困扰我这么多年问题竟然解决了！

街上有人唱到："把眼泪装在心上，会开出勇敢的花，可以在疲惫的时光，闭上眼睛闻到一种芬芳……"

天完全黑了下来，而明灯在空中闪耀……

评 语

文章抓住"战胜自己"行文，条理清晰地叙述了战胜自己的心路历程，满满的正能量！叙事清晰，抒情真实、朴实，语句优美，是一篇比较成功的习作。

——刘冬梅

梦醒时分

2018级7年级9班　谢书翰

初入梦境，发现人已不在；梦醒时分，发现夜不归来。

——题记

它开始于昨天，模糊而又懦弱。

我记得结果，令人绝望。

自己在偌大的房间里徘徊，我刚坐在椅子上准备工作，父亲向我走来，递给我电脑与U盘，母亲也走了进来，给我一杯咖啡。他们随后转身离去，留下我一人在房间里。

须臾，我躺到床上准备睡觉，思考着：今天做了什么，明天要做什么。于是久久也不能入睡，索性就提笔写了写日记。写完后，我站在阳台上，看着地面上车水马龙的景象，心中不由得产生了一种微妙的情感。在风中，我抿了抿咖啡，享受着那清凉的感觉，穿透了我的身体，直达内心。

朦胧的晓风催醒了早晨，是那么悄无声息。我也被慌乱的闹钟惊醒，在梦中，还是现实？这两者的界线很模糊，导致我常常分不清楚。寻找的人，是否耐心？失望的人，是否有勇气再来一局？可是没有机会。

它困惑于今天。

我在尝试着与它联系，但结果都不尽如人意，只剩下通话这种我最不愿做的方法。

电话拨通了，我汗如雨下，怕它没有接，更怕它接上。"嘀"——每一声都使我惊慌失措；"嘀"——每一声都使我无能为力。

……

最终还是挂断了，放弃得那么容易，甚至没有犹像，没有遗憾。看着慢慢苏醒过来的城市，我回到客厅，收拾起屋子。这几天弄得乱糟糟的，也是时候整理一下了。我决定到外面走走，呼吸呼吸新鲜空气。

走在街上，我意外地遇到了一个人。

但我们两个如陌生路人一般，曾经，多少次擦肩而过，谁也没有勇气去喊停对方，谁也没有勇气，最终落泪的声音都还听得见。我们之间的距离很遥远。

曾经的我。

光束一般，璀璨地闪耀着，盘旋，扭转，仿佛这样就可以改变命运。纠结着，扭曲着，没有人喝彩鼓掌。我一个人在角落里，独自地探讨，只有一人的空间。那朦胧的光亮感，瞬间穿透了全身，使我目眩神驰。视野开始摇摆不定，我强撑着，不使自己倒下，无论怎样也无济于事。

为什么要追求？为什么要寻找？为什么？无论如何也不能求得答案，为什么还要努力获得？即使结果总不是理想的……

我陷入沉思。

人终究不过于如此，不论如何都会留下遗憾。可是，曾经奋力拼搏、奋斗过。

没有遗憾，永远也没有。这种感觉很诱人。

它结束于明天，清晰而又无助。

我忘记结局，令人欣喜。

为者常成，行者常生，生活，仍在继续……

评语

小作者这篇习作，行文流畅，语言优美，写出了"梦醒时分"的感觉，有回忆，有叙述，也有思考。"开始于昨天""困惑于今天""结束于明天"的安排使行文结构严谨，似梦非梦间，小主人公在成长。

——马佩霞

阅读，感觉真好

2018级7年级3班　宋雨阳

探不尽的奥秘在缥缈无边的宇宙之中，知识勤学的宝库在课堂之中；冬暖的阳光在天空之中；牵动我们心的始终是——书籍。

七岁那年，我第一次接触到课本，也深深地体会到其中的乐趣。伴随在我身旁的，不是简单的卡通拍图，而是文字中的奥秘。开始时，一知半解的我还在模仿其中的人物，高声朗读着经典诗文，那时起，我对书籍产生了巨大的问号，渴望着、理解着，也从那时，我读书的兴趣油然而生……

我品读着不同的名著，在书的海洋里遨游！

水浒、三国里的豪情壮志，兄弟情义，无时无刻不在提醒和告诫着我们：有时，我为武松豪迈英勇的气概高声欢笑，为武松打虎的情节而紧张担忧；有时，我为诸葛亮草船借箭的故事而拍手叫好；有时，我也为三结义兄弟的情义和英勇的豪情而不禁赞叹……

落花时节回忆的我，感慨万分！

我细细地品味着初春那生机勃发的小草芽，酷暑树下的果断仁义，落叶纷飞时节的凄凉与悲伤，寒冬阳光下的温暖与希望！多姿多彩的世界被书中随之而变化的四季而承载，一朵朵银河中闪闪发光的小行星，好像带着我们阅读的梦飞走了……

金秋时节，我坐在树边椅子上看书，那本书非缠着我的眼球不放，《朝花夕拾》无限美的样子，使我十分着迷。阳光大方沉着地洒进书页里，照亮了知识的"存在"，我还是在拿儿时的鲁迅和我做对比，拿旧社会的国家和我们有中国特色的社会主义国家做对比。我为那个年代生活的人民鸣不平；为鲁迅想去"五猖会"的急切心理迫不及待；为长妈妈的生活习惯感到无奈……我如饥似渴地寻味着"黄金屋"的宝藏，一直到看不见太阳照在书页上的身影。我站了起来，咽了一口口水，好像吞进了所有的知识，腿麻麻的，脖子酸酸的，但是收获满满的！

一丝丝的感受，一阵阵的希望。

一次次的转向，一声声的回荡。

一缕缕的品味，阅读的感觉——真好！

评 语

全文以时间为序，笔法细腻生动，文风简洁流畅。阅读全文，让读者也似乎徜徉于书的海洋，足显小作者阅读面之广，真乃"经典浸润人生，书香伴我成长"。

——范军鸿